엑스포지멘터리 성경공부 시리즈

사무엘하

인도자용

사무엘하 1-24장

엑스포지멘터리 성경공부 시리즈

사무엘하

인도자용

사무엘하 1-24장

| 송병현 · 임우민 지음 |

차례

사무엘하 엑스포지멘터리 성경공부 오리엔테이션 _ 6
사무엘서 서론 _ 10

제1주 빗나간 영웅심 | 사무엘하 1:1-16 _ 18
제2주 험난한 동행 | 사무엘하 2:1-11 _ 24
제3주 명분 있는 왕권 | 사무엘하 5:1-12 _ 30
제4주 이번엔 제대로 | 사무엘하 6:1-19 _ 37
제5주 다윗 언약 | 사무엘하 7:1-17 _ 44
제6주 헤세드를 기억하며 | 사무엘하 9:1-13 _ 52
제7주 죄의 눈덩이 효과 | 사무엘하 11:1-21 _ 58
제8주 책임회피의 결과 | 사무엘하 13:23-39 _ 65
제9주 올 것이 왔다 | 사무엘하 15:13-26 _ 72
제10주 왕과 아버지 사이에서 | 사무엘하 18:1-15 _ 79
제11주 공의와 자비 | 사무엘하 21:1-14 _ 86
제12주 나쁜 왕 다윗 | 사무엘하 24:10-25 _ 92

비밀 유지 서약서 _ 99
사무엘하 말씀 공부를 통한 삶의 변화 일지 _ 100
사무엘하 엑스포지멘터리 성경공부 출석 _ 102

사무엘하 엑스포지멘터리 성경공부 오리엔테이션
(60분 소요)

* 한 주의 성경공부는 60분을 기준으로 구성되어 있으나 그룹의 요구와 형편에 따라 조절하실 수 있습니다.

1. 찬양과 기도(5분)

다 함께 찬양할 수 있는 곡을 선곡하십시오.
세미나 모임을 위해 기도하십시오.

2. 자기소개(10분)

1) **서로 잘 아는 사이의 그룹일 경우** – 한 명씩 돌아가면서 소개하도록 하십시오. 본인의 성격을 동물이나 꽃에 비유하여 소개하는 것도 자신의 특성을 잘 소개할 수 있는 방법입니다.
2) **서로 잘 모르는 사이의 그룹일 경우** – 두 명이 한 조를 이루어 각자의 '제일 잘하는 것 한 가지'를 서로 나눕니다. 3분 정도 후 돌아가며 서로의 짝을 소개하는 시간을 갖습니다. 쑥스러운 분위기를 부드럽게 만드는 방법입니다. 인도자가 먼저 자신을 소개하여 어떻게 하는지 본을 보입니다.

3. 학생용 책 나누어주기(5분)

인도자 지침서는 나누어주지 마십시오.

4. 엑스포지멘터리 성경공부에 대한 소개(2분)

'엑스포지멘터리'(EXPOSItory + comMENTARY = EXPOSIMENTARY, 해설주석)는 '해설, 설명'을 뜻하는 'expository'라는 단어와 '주석'을 뜻하는

'commentary'를 합성한 단어입니다. 본문의 뜻과 저자의 의도와는 연관성이 없는 주제와 묵상으로 치우치기 쉬운 expository의 한계와 필요 이상으로 논쟁적이고 기술적일 수 있는 commentary의 한계를 극복하여 가르치는 사역에 도움을 주기 위한 새로운 장르입니다.
〈엑스포지멘터리 시리즈〉로 재구성한 '엑스포지멘터리 성경공부 시리즈'는 **올바른 성경해석**과 **적절한 말씀 적용**을 핵심 목적으로 하는 평신도를 위한 성경공부 교재입니다.

5. 사무엘서 서론(20분)

* 학생용의 교재를 사용하며 같이 나눕니다.
* 사무엘상 시작 전 사무엘서의 서론을 나눕니다.

1. 사무엘서의 중심 메시지
   - 왕권
   - 선지자권
   - 왕권과 선지자권의 필연적 갈등
   - 죄의 영향력
   - 하나님의 주권과 후회
   - 하나님의 영

2. 사무엘서의 구조와 개요
   Ⅰ. 사무엘의 상승과 엘리의 쇠퇴(삼상 1:1-7:17)
   Ⅱ. 이스라엘의 첫 왕권(8:1-15:35)
   Ⅲ. 다윗의 상승과 사울의 쇠퇴(16:1-삼하 5:10)
   Ⅳ. 뿌리내리는 다윗의 왕권(5:11-8:18)
   Ⅴ. 다윗의 쇠퇴(9:1-24:25)

6. 이 책의 구성 및 사용 방법(5분)

1) 복습 - 예상소요시간 5분

- 복습은 지난주에 배운 말씀 중 가장 핵심적인 부분을 이해하고 있는지 확인하는 부분입니다.
- 지난주에 결단했던 '**생활의 아로마**'가 어떻게 진행되었고, 삶에 어

떤 변화를 가져왔는지 간단히 나눕니다.

2) 말씀 돋보기(관찰) - 예상소요시간 20분

- 말씀 돋보기는 숙제로 제시합니다.
- 말씀 돋보기는 Tip을 제시하고 있으며, Tip을 자세히 읽으면 스스로 답을 얻을 수 있습니다. 그러나 되도록 성경에서 답을 찾고 기록한 후, 그 문제를 이해했는지 Tip을 통해 확인하도록 하십시오.
- 모임 시 함께 풀어보며 문제들에 필요한 추가설명을 곁들이며 어려움이 없었는지 확인합니다.

3) 삶의 내비게이션(적용) - 예상소요시간 25분

- 삶의 내비게이션은 모임 시간에 함께 나누는 부분입니다.
- 삶의 내비게이션은 과거, 현재, 미래형 질문으로 구성되어 있습니다.

4) 생활의 아로마(실천) - 예상소요시간 5분

- 생활의 아로마는 구체적인 실천과제를 학생 스스로 적고 실천하는 부분입니다.
- 생활의 아로마는 매주 모임에서 토론한 내용 중에서 각자의 상황과 결단에 맞추어 한 가지 정도의 구체적인 실천과제를 제시합니다. 다음 모임을 시작하면서 실천과제를 서로 나눕니다.
- 나눔의 깊이는 성령님의 인도하심, 인도자의 지혜, 그리고 그룹 구성원의 서로에 대한 신뢰의 정도에 따라 차이를 보일 수 있습니다.
- 학생용 교재 뒷부분의 "**사무엘하** 말씀 공부를 통한 삶의 변화 일지"를 이용해 엑스포지멘터리 성경공부를 통해 갖게 된 삶의 변화 과정과 결과를 한눈에 볼 수 있게 하였습니다.

〈엑스포지멘터리 성경공부 시리즈 구성〉

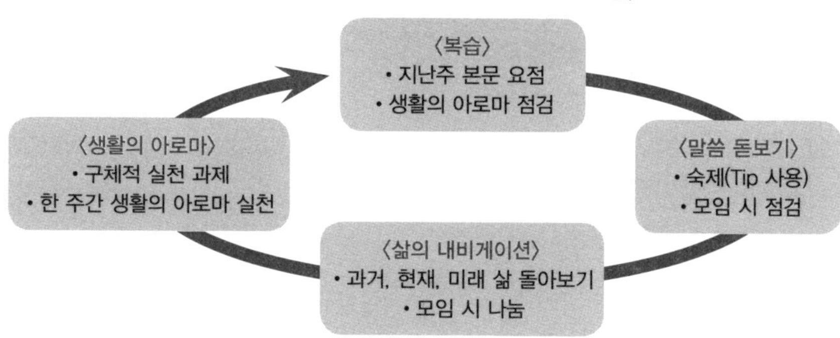

7. 서류 작성(5분)

신청서, 기도제목, 비밀 유지 서약서(교재 뒷부분)등을 작성합니다.

서로의 기도제목을 작성하고 인도자가 정리 후 나누어 주어, 매주 모임에서 함께 중보할 수 있도록 합니다.

8. 기대와 포부(5분)

성경공부 모임을 통해 기대하는 것을 구성원 중 두 명 정도만 이야기하도록 합니다.

9. 숙제와 실천과제(5분)

한 주간의 말씀 돋보기 부분을 숙제해 오도록 하십시오.

실천과제로 사무엘하(1~24장)를 소리내어 한 번 읽어오도록 하십시오.

10. 기도

다 함께 이 성경공부 모임을 위해 기도하십시오.

다음 모임의 약속과 장소를 다시 한 번 공지하십시오.

사무엘서 서론

사무엘서에는 유명한 성경 이야기들로 가득하다. 어린 사무엘이 하나님의 부르심을 받고 선지자가 된 이야기, 소년 다윗이 거인 골리앗과 싸워 승리한 일, 다윗과 요나단의 우정, 다윗과 밧세바 사건 등은 잘 알려져 있을 뿐만 아니라 많은 사람의 상상력을 자극하여 이미 수많은 소설과 동화의 소재가 되어 있다. 이처럼 흥미진진한 이야기들로 가득한 사무엘서는 이스라엘의 통치 체제가 사사들을 중심으로 한 지방 체제에서 왕을 중심으로 한 중앙 체제로 전환하는 매우 중요한 과도기를 회고하고 있다는 점에서 이스라엘 역사의 매우 중요한 시기를 조명하는 귀중한 역사적 자료로 평가받고 있다.

사무엘서 이야기는 이스라엘의 마지막 사사이자, 하나님을 대신해서 새로 출범할 왕정 제도의 신학적 정당성과 정체성을 부여할 선지자 사무엘로 시작해서 하나님 마음에 합한 자로 평가하는 다윗의 왕조가 뿌리내리는 것으로 끝을 맺는다.

1. 저자와 저작연대

탈무드는 선지자 사무엘이 사무엘상 1-24장을, 선지자 나단과 갓이 나머지를 집필했다고 한다. 아마도 사무엘이 다윗에 대해 기록을 남겼다는 역대상 29:29-30에 근거한 결론으로 생각된다. "다윗 왕의 역사는 처음부터 끝까지, 선견자 사무엘의 기록과 선지자 나단의 기록과 선견자 갓의 기록에 다 올라 있는데, 그의 통치와 무용담 및 그와 이스라엘과 세상 모든 나라가 겪은 그 시대의 역사가 기록되어 있다"(새번역). 그러나 사무엘서가 세 명의 선지자가 남긴 글과 연관이 있지만, 구약의 여러 책처럼 익명으로 전해졌기에, 정확히 누가 기록했고, 최종적으로 누가 정리한 것인지 추측하는 것은 매우 어려운 일이다.

저자가 누구였는지는 도저히 가늠할 수 없더라도 저작이나 편집 시기는 어느 정도 추측할 수 있다. 사무엘상 27:6은 '유다 왕들'(새번역)을 언급하는데, 이는 여로보암과 르호보암 때 나라가 분열된 이후임을 알 수 있다. 사무엘서 내용 대부분이 다윗과 솔로몬 시대에 저작된 것으로 간주하는 데 큰 문제는 없을 것으로 보인다. 이때 저작된 자료들을 근거로, 누군가 분열왕국 직후 혹은 몇백 년 후에 최종 정리한 것으로 추정한다.

2. 역사적 정황

사무엘서는 주전 12세기 말부터 약 150년 동안의 이스라엘 역사를 정리하고 있다. 책 초반에 출생한 사무엘은 적어도 20년 동안 사사로 이스라엘을 통치했다(삼상 7:2). 그러나 실제는 이보다 훨씬 긴 50년 정도였을 것으로 추정한다(삼상 2:18-21; 3:1-2; 8:1,5; 12:2). 사무엘이 노년에 이스라엘 초대 왕으로 세운 사울은 베냐민 지파에 속했던 기브아 사람이었다(삼상 10:26). 사울은 주전 1050년쯤 왕으로 취임했을 것으로 보인다. 다윗은 사울의 40년 통치 후인 주전 1010년경에 유다 지파의 왕으로 즉위했고, 7년 반 동안 나머지 지파들이 지지하던 사울의 아들 이스보셋과 내전을 치른 후 아브넬의 중재로 통일왕국의 왕이 되었다. 다윗의 통치 시대와 업적에 대해서는 사무엘하에서 회고하고 있다.

다윗의 통치하던 시대(1010-970 BC)의 국제 정세는 상대적으로 매우 평온한 편이었다. 아시리아는 국제 무대에 첫발을 내딛기 시작하던 상황이었기에 자신의 힘을 키우는데 급급해 제국 형성이나 영토 확장에 관심을 둘 겨를이 없었다. 이집트는 제20대 왕조(1070-930 BC)가 쇠퇴해 가고 있었으며, 소아시아에서는 헷 족의 영화가 막을 내리고 있었다. 이처럼 국제적 강자가 없는 상황에서 이스라엘을 포함한 가나안 지역의 약소국가들은 상당한 자유를 누리고 있었으며, 외부 세력의 압력을 염려하지 않아도 되었다.

3. 다른 책들과의 관계

사무엘서가 사사 시대와 솔로몬 통치 시대 사이에 있던 일을 기록하다 보니, 자연스럽게 사사 시대의 일들을 회고한 사사기와 솔로몬 즉위 이후 이스라엘을 지배한 왕들 이야기를 묘사하는 열왕기 사이에서 교량 역할을 하고 있음을 알 수 있다. 사사기는 사무엘서에서 뿌리내리게 되는 왕정 제도의 필요성을 강조하고(삿 21:25), 열왕기는 사무엘서에서 뿌리내린 왕정 제도가 어떻게 전개되었는지를 회고하고 있다. 사무엘서는 왕정 제도의 수립을 기록하면서, 이 세 책의 유기적인 관계의 중심에 서 있기도 하다.

이외에도 사무엘서는 구약 성경의 여러 책과 깊이 연관되어 있다. 여러 선지자가 장차 오실 메시아를 하나같이 '새로운/제2의 다윗' 혹은 '다윗의 후손'으로 언급하는 것은 다윗 언약을 자신들의 예언의 근거로 삼았기 때문이다. 신약 시대에 이르러서 예수님이 다윗의 후손으로 오신 것은 예수님이 바로 사무엘서에 기록된 다윗 언약을 근거로 선지자들이 선포한 메시아이기 때문이다.

4. 신학적 주제와 이슈들

왕권

사무엘서는 왕권에 대한 백성의 최초의 요청, 사무엘을 통해 이루어진 실제적 왕권 수립, 첫 왕 사울의 비극적 통치, 그의 대를 이은 다윗 왕의 중앙 집권 체제, 다윗 왕과 집안에 허락하신 하나님의 영원한 통치적 약속 그리고 다윗 왕권의 쇠퇴와 최후 등 책 전체가 이스라엘의 초기 왕들과 왕정 이야기로 구성되어 있다.

이스라엘은 사사 시대를 지나면서 왕의 필요성을 절실히 느꼈다. 이스라엘 백성은 마지막 사사이자 선지자였던 사무엘에게 장로들을 보내어 왕을 세워 달라고 했다(삼상 8장). 그들은 더는 보이지 않는 하나님의 통치 아래 사는 것을 원치 않고 오히려 그들처럼 호흡을 같이하는 인간 왕의 군림을 선호했다. 이스라엘이 열방처럼 살고 싶다는 의미는 자신들의 신학적 정체성을 거부한다는 것이다. 이스라엘이 한 나라로 출범했을 때의 신학적 기반이 무너져 내리고 있다. 또한 현실적인 면에서도 이스라엘의 왕정 요구는 많은 부담과 위험을 감수해야 했다.

선지자권

아브라함 이후 많은 사람이 선지자 사역을 했지만 선지자 사역이 전문화, 제도화되기 시작한 것은 사무엘 시대였다. 사무엘은 어렸을 때부터 이스라엘의 선지자로 자리매김했다(삼상 3:20; 9:9). 사무엘이 머리에 기름부어 왕으로 세웠던 사울은 사무엘이 예언한 대로 집으로 돌아가는 길에 선시사들의 행렬을 접한다(삼상 10:5, 10-12). 여기서 중요한 것은 성경이 선지자들이 무리를 지어 다니는 것에 대해 최초로 기록하고 있다는 점이다. 이때부터 선지자들은 공동체 생활을 하게 되었고, 그로 인해 선지자 제도가 궤도에 오르게 되었다.

사무엘 시대에 선지자들의 사역이 전문화되기 시작한 것을 계기로 그들의 권위도 새로운 위치에 오르게 되었다. 이전에는 선지자들의 출현이 산발적이었으며, 사역과 권위 역시 지극히 제한적일 수밖에 없었다. 그러나 선지자들의 사역이 제도화되면서 종교적·정치적 역할과 비중도 자연히 커졌다. 이스라엘의 왕은 선지자를 통해 하나님께 정당성을 인정받아야 했으며, 선지자의 인준은 곧 하나님의 섭리를 의미했다.

왕권과 선지자권의 필연적 갈등

선지자가 왕에게 정당성을 부여한다고 하여 왕들이 선지자들을 절대적으로 따르고 그 권위에 복종한 것은 아니다. 성경과 위경(유대인의 전통을 담은 책)은 상당수의 선지자들이 왕에게 하나님 말씀을 전하다 순교를 당했다고 기록하고 있다. 선지자들이 하나님의 권위를 위임받아 말씀을 선포했지만, 하나님을 경외하지 않는 왕들에게는 아무런 위력을 발휘하지 못했다. 선지자들은 세속화된 권력에 무시되거나 희생되기 일쑤였다.

선지자와 왕권의 관계를 이해하는데 있어 한 가지 알아야 할 것은 이 둘은 본질적으로 공존할 수 없다는 점이다. 왕이 제아무리 하나님을 경외

하는 자로 이상적인 정치를 펼치고, 성경의 원리를 따라 경건하게 통치할지라도, 선지자는 왕의 통치로부터 비롯된 의식과 자각에는 동조할 수 없을 뿐만 아니라 그의 소명의 본질상 동조해서도 안 되는 것이었다. 왜냐하면 선지자는 항상 '선지자적 상상력'을 사용하여 현세에 드러나지 않은 하나님의 이상과 가능성을 선포할 책임이 있는 자였기 때문이다. 따라서 구약의 선지자는 항상 이스라엘의 왕과 최소한의 거리를 유지했다.

죄의 영향력

사무엘서는 아이를 낳지 못하여 눈물짓는 '한나'라는 한 신실한 여인의 이야기로 시작된다. 그녀와 엘리 제사장 이야기는 이스라엘이 영적 암흑 속에서 헤매고 있는 모습을 단적으로 보여주고 있다. 사무엘서의 중요한 첫 사건이 한 선지자가 엘리에게 나타나 아들들의 죄와 그것을 방관하는 아버지 엘리에 대한 하나님의 심판을 선언하는 것이라는 점을 생각할 때 당시 죄가 얼마나 온 이스라엘을 장악하고 있었는가를 짐작할 수 있다.

온 이스라엘을 지배하는 듯한 죄의 영향력은 특별히 파편된 가정을 통해 극적으로 묘사된다. 엘리가 추락하고 집안이 제사장 자리를 박탈당한 이유는 하나님 앞에 죄를 범한 아들들을 잘 지도하지 못했기 때문이다(삼상 2장). 선지자 사무엘도 아들들을 경건하게 키우지 못해 노년에 백성의 원성을 들었다(삼상 8:1-5). 사울도 자녀와의 관계가 원만하지 못했다. 사울의 자식은 죄에 사로잡혀 이성을 잃은 아버지의 행동에 동조하지 않았으며 급기야 아버지가 죽이고자 했던 다윗을 축복하고 피신시켰다(삼상 18-20장). 죄의 영향력은 조각난 다윗의 집안에서 절정에 이른다. 다윗의 아들 암논은 이복 누이인 다말을 강간했으나 다윗은 이 사실을 안 뒤에도 아무런 조치를 취하지 않는다(삼하 13장). 아버지가 범죄자를 질책하지 않자 다말의 친오빠 압살롬이 암논을 죽이고 모압으로 망명했다. 이후 압살롬은 아버지 다윗에 대한 서운함과 분노를 이기지 못하고 결국 압살롬의 난을 일으킨다(삼하 15-18장).

하나님의 주권과 후회

하나님의 주권은 이스라엘 초기 왕들의 엇갈린 운명에서 가장 확실하게 드러난다. 성경은 사울을 상당히 겸손한 사람으로 소개하지만(삼상 9-11장), 왕이 되고 나서 하나님께 불순종함으로 왕권에서 쫓겨났다고 말한다(삼상 13:13-14; 15:22-29). 사울에 이어 이스라엘 왕이 된 다윗은 성경에 등장하는 믿음 좋은 사람 중 하나이다. 그러나 어떤 면에서는 다윗이 사울보다 훨씬 심각한 죄를 많이 범했다. 그런데도 하나님은 다윗을 버리지 않고 사랑하셨다. 다윗과 사울의 대조적인 희비를 갈라놓은 가장 기본 요소는 하나님의 절대적인 주권이다. 아울러 다윗의 왕권은 인간 다윗의 노력으로 빚어진 성취라기보다 하나님의 주권으로 주신 선물이었다.

사무엘서 저자는 하나님이 사울을 왕으로 세우신 것을 후회하셨다고 두 차례나 기록한다(삼상 15:11, 35). 본문에 '후회'라는 의미로 사용되는 히브리어 동사는 하나님의 도덕이나 생각이 짧음을 의미하는 것이 아니다. 오히려 인간에게 자비를 베풀기 위해 계획을 수정하실 때 사용한다(암 7:3, 6). 그러므로 하나님이 사울을 왕으로 세우신 일을 후회하셨다는 것은 조직신학에서 말하는 하나님의 전지, 전능 혹은 불변성과 무관한 일이다. 또한 우리는 성경이 인간의 언어로 하나님을 묘사하다 보니 표현에 있어서 어느 정도 한계가 있음을 인식해야 한다.

여호와의 영

'여호와의 영' 혹은 '하나님의 영'이라는 표현은 사무엘서에서 열다섯 차례나 등장한다. 이들 중 일곱 차례는 '여호와께로부터 온 악령'이란 표현 중에 사용된다(삼상 16:14, 15, 16, 23x2; 18:10; 19:9). 나머지 여덟 차례는 '하나님/여호와의 영'에 대한 언급들이다. 또한 다섯 차례는 선지자들이 예언하는 상황을 묘사한다(삼상 10:6, 10; 19:20, 23; 삼하 23:2). 나머지 세 차례 중 한 번은 군사력을(삼상 11:6), 한 번은 다윗에게 임하는 은사적 능력을(삼상 16:13), 나머지 한 번은 하나님이 사울을 버리시는 상황에서 사용된다(삼상 16:14). 이러한 정황에서 '여호와의 영'이 사울을 떠났고, 그 자리를 '여호와께로부터 온 악령'이 차지했다는 사실은 자칫 내재하시는 성령이 떠난 자리를 사탄/귀신이 차지했다는 혼란을 야기할 수도 있다. 그러나 하나님이 악령을 보내는 유일한 경우는 이스라엘의 초기 왕들(자칭 왕이었던 아비멜렉과 백성들이 세운 왕 사울)에게만 해당된다. 성경에서는 두 사람에게만 적용되는 표현이며, 두 사람 다 하나님 보시기에 악했으며, 하나님이 악령을 보내신 것도 그들의 죄 때문이었다. 그러므로 오늘날도 이런 일이 이루어진다고 볼 필요는 없다. 구약 성경에서 하나님의 영을 받은 것으로 기록된 사람들을 살펴보면 하나님의 영은 특별한 역할을 감당하도록 세움을 받은 사람들에게 그 일을 수행할 수 있는 능력을 주려는 목적으로 임하셨음을 알게 된다. 모두 성령의 은사적인 면만 강조할 뿐, 인격적인 내재는 전제하지 않는다.

5. 개요

Ⅰ. 사무엘의 상승과 엘리의 쇠퇴(삼상 1:1-7:17)

- A. 사무엘의 탄생(1:1-2:11)
- B. 엘리 집안의 쇠퇴와 사무엘의 상승(2:12-4:1a)
- C. 이스라엘의 패배와 하나님의 승리(4:1b-7:1)
- D. 사무엘의 사역(7:2-17)

Ⅱ. 이스라엘의 첫 왕권(8:1-15:35)

- A. 백성들의 왕 요구(8:1-22)
- B. 사울의 선택과 기름 부음(9:1-10:27)
- C. 사울의 첫 번째 승리(11:1-15)
- D. 옛 언약과 새 왕(12:1-25)
- E. 왕으로서 버림받은 사울: 첫 번째 이야기(13:1-23)
- F. 사울과 요나단의 군사적 공훈들(14:1-52)
- G. 왕으로서 버림받은 사울: 두 번째 이야기(15:1-35)

Ⅲ. 다윗의 상승과 사울의 쇠퇴(16:1-삼하 5:10)

- A. 다윗이 왕으로 기름 부음을 받음(16:1-13)

B. 다윗이 사울을 치료함(16:14-23)
C. 다윗이 골리앗을 죽임(17:1-18:5)
D. 다윗의 왕궁 생활(18:6-20:42)
E. 다윗이 사울에게서 도주함(21:1-30:31)
F. 사울의 죽음(31:1-삼하 1:27)
G. 다윗이 이스라엘의 왕이 됨(2:1-5:10)

Ⅳ. 뿌리내리는 다윗의 왕권(5:11-8:18)
A. 물질적 성공 A(5:11-25)
B. 영적 성공(6:1-7:29)
C. 물질적 성공 B(8:1-18)

Ⅴ. 다윗의 쇠퇴(9:1-24:25)
A. 다윗과 므비보셋(9:1-13)
B. 암몬과의 전쟁 A(10:1-19)
C. 밧세바와의 간음(11:1-12:25)
D. 암몬과의 전쟁 B(12:26-31)
E. 두 아들의 반역(13:1-18:33)
F. 다윗의 회복(19:1-20:26)
G. 다윗의 마지막 행보(21:1-24:25)

제1주 빗나간 영웅심

사무엘하 1:1-16

학습목표

1. 지나친 거짓말은 죽음에 이를 수 있다는 사실을 알 수 있다.

KEYWORD **거짓말, 영웅심, 애도**

Ⅰ. 찬양과 기도

Ⅱ. 복습문제 풀이

복습

1 사울은 어떻게 죽었는가?(삼상 31:4)

사울은 스스로 목숨을 끊었다.

Ⅲ. 말씀 사무엘하 1:1-16을 다 함께 읽는다

1:1 사울이 죽은 후에 다윗이 아말렉 사람을 쳐죽이고 돌아와 다윗이 시글락에서 이틀
을 머물더니 2 사흘째 되는 날에 한 사람이 사울의 진영에서 나왔는데 그의 옷은 찢어
졌고 머리에는 흙이 있더라 그가 다윗에게 나아와 땅에 엎드려 절하매 3 다윗이 그에
게 묻되 너는 어디서 왔느냐 하니 대답하되 이스라엘 진영에서 도망하여 왔나이다 하
니라 4 다윗이 그에게 이르되 일이 어떻게 되었느냐 너는 내게 말하라 그가 대답하되

군사가 전쟁 중에 도망하기도 하였고 무리 가운데에 엎드러져 죽은 자도 많았고 사울
과 그의 아들 요나단도 죽었나이다 하는지라 [5] 다윗이 자기에게 알리는 청년에게 묻
되 사울과 그의 아들 요나단이 죽은 줄을 네가 어떻게 아느냐 [6] 그에게 알리는 청년
이 이르되 내가 우연히 길보아 산에 올라가 보니 사울이 자기 창에 기대고 병거와 기
병은 그를 급히 따르는데 [7] 사울이 뒤로 돌아 나를 보고 부르시기로 내가 대답하되 내
가 여기 있나이다 한즉 [8] 내게 이르되 너는 누구냐 하시기로 내가 그에게 대답하되 나
는 아말렉 사람이니이다 한즉 [9] 또 내게 이르시되 내 목숨이 아직 내게 완전히 있으므
로 내가 고통 중에 있나니 청하건대 너는 내 곁에 서서 나를 죽이라 하시기로 [10] 그가
엎드러진 후에는 살 수 없는 줄을 내가 알고 그의 곁에 서서 죽이고 그의 머리에 있는
왕관과 팔에 있는 고리를 벗겨서 내 주께로 가져왔나이다 하니라 [11] 이에 다윗이 자기
옷을 잡아 찢으매 함께 있는 모든 사람도 그리하고 [12] 사울과 그의 아들 요나단과 여
호와의 백성과 이스라엘 족속이 칼에 죽음으로 말미암아 저녁 때까지 슬퍼하여 울며
금식하니라 [13] 다윗이 그 소식을 전한 청년에게 묻되 너는 어디 사람이냐 대답하되 나
는 아말렉 사람 곧 외국인의 아들이니이다 하니 [14] 다윗이 그에게 이르되 네가 어찌하
여 손을 들어 여호와의 기름 부음 받은 자 죽이기를 두려워하지 아니하였느냐 하고 [15]
다윗이 청년 중 한 사람을 불러 이르되 가까이 가서 그를 죽이라 하매 그가 치매 곧
죽으니라 [16] 다윗이 그에게 이르기를 네 피가 네 머리로 돌아갈지어다 네 입이 네게
대하여 증언하기를 내가 여호와의 기름 부음 받은 자를 죽였노라 함이니라 하였더라

Ⅳ. 관찰문제의 바른 답

말씀 돋보기(관찰)

1 다윗이 사울의 죽음 소식을 접하게 된 경위는 무엇인가?(1:1-4)

누가: 사울 진영에서 온 한 사람

언제: 시글락에서 3일째 되던 날

어디서: 시글락에서

무엇을: 사울과 그 아들 요나단이 죽었다는 사실

다윗이 시글락을 약탈하고 그의 아내들을 포함해서 모든 사람을 끌고 갔던 아말렉 족을 쳐서 승리하고 식솔들과 노획물을 이끌고 다시 시글락으로 돌아와 쉬고 있던 3일째에(1-2절), 사울의 진에서 한 소년이 전쟁 소식을 가지고 찾아왔다. 그는 남루한 차림이었으며, 옷을 찢고, 머리에 흙을 뒤집어쓰고 왔다. 이스라엘군의 패배를 의미하는 불길한 징조였다. 사울과 이스라엘이 패한 전쟁터에서 온 소년은 사울의 왕관을 들고 다윗이 머물던 시글락에 나타난 것이다. 다윗이 시글락에 있었다는 것을 강조하는 것은 사울의 죽음과 전혀 관계가 없다는 것을 보여 준다.

2 아말렉 소년은 사울의 죽음을 어떻게 말하고 있는가?(1:6-10)

자신이 사울을 안락사 시켰다.

전쟁터에서 온 소년은 먼저 다윗에게 엎드려 절하며 이스라엘의 패배와 사울과 요나단의 전사 소식을 전했다(1-4절). 다윗은 아무 의심없이 소년의 말을 믿으며 자세한 정보를 요구했다(5절). 소년은 길보아 산에 올라갔다가 치명적인 상처를 입고 괴로워하는 사울의 요청으로 그를 안락사한 후 그의 왕관과 팔찌를 빼서 가져왔다고 했다.

3 아말렉 소년의 이야기에 대한 의문점 세 가지는 무엇인가?(1:6-10)

a) 적의 병거와 기병대가 사울에게 바짝 다가오고 있었다.

b) 소년은 자신을 마치 사울의 군대에 속한 병사였던 것처럼 이야기를 진행한다.

c) 블레셋군의 손에 죽으나 아말렉 소년의 손에 죽으나, 사울이 이방인에게 죽기는 마찬가지다.

첫째, 아말렉 소년이 말하는 대로 "적의 병거와 기병대가 사울에게 바짝 다가오고 있었다"(6절, 새번역)라는 진술이 사실이라면 이 상황에서 어떻게 왕관을 빼돌릴 수 있었을까? 당시 전쟁 관습에 따르면, 적군의 우두머리를 죽이고, 소지품을 취하는 것은 병사에게 최고의 영광을 안겨주는 승리의 상징이었다.

둘째, 소년은 자신을 마치 사울의 군대에 속한 병사였던 것처럼 이야기를 진행한다. 그러나 사울이 아말렉족을 군대로 징집하거나 용병으로 고용했다는 기록은 없다. 이스라엘과 아말렉은 영원한 원수 관계이다.
셋째, 블레셋군의 손에 죽으나 아말렉 소년의 손에 죽으나, 사울이 이방인에게 죽기는 마찬가지인데 왜 사울은 아말렉 소년에게 죽여 달라고 했겠는가! 차라리 질주해오는 적군을 대적해 장렬하게 전사하는 것이 왕으로서 더 바람직한 선택이었을 텐데 말이다.
이와 같은 정황을 고려할 때, 이 소년은 거짓말을 하는 것이다.

4 사울의 소식을 듣고 다윗은 어떻게 반응했는가?(1:11–12)
자기 옷을 찢고, 해가 질 때까지 울며 금식했다.

다윗은 슬픔을 억누르지 못하고 자기 옷을 찢고, 해가 질 때까지 울며 금식했다(11–12절). 옆에서 지켜보던 사람들도 모두 다윗과 함께 금식하고, 옷을 찢으며 사울의 죽음을 애도했다. 다윗은 자신을 괴롭히던 사람의 사망 소식을 듣고 기뻐하기보다 이스라엘의 수모로 여기며 울부짖는데, 이는 진정한 성인의 모습이었다.

5 사울의 죽음을 알린 소년은 어떻게 되었으며, 그 이유는 무엇인가?(1:14–16)
처형당했다.
여호와의 기름 부음을 받은 사람을 죽였다고 거짓말한 것에 대한 심판

다윗은 소년을 처형했다(15절). 여호와의 기름 부음을 받은 사람을 감히 겁도 없이 살해한 것에 대한 심판이었다(14절). 이 소년의 이야기가 진실인지 거짓인지에는 관심이 없다. 다윗은 단순히 "네가 말한 대로 네게 그 피를 돌린다"라고 판정하고 처형했다(16절). 아말렉 소년은 자신의 거짓말에 대한 책임을 면치 못하게 된 것이다.

 삶의 내비게이션(적용)

1 아말렉 소년은 과장과 거짓말에 대해 혹독한 대가를 치렀다. 당신은 과거에 자신을 정당화하기 위해 과장하거나 상황을 확대 묘사한 경험이 있는가? 당신이 들은 가장 과장된 이야기에는 무엇이 있는가?

관찰문제 3번, 5번 참고. 아말렉 소년은 치열한 전쟁터에서 마치 자신이 사울의 군대 일원인 것처럼 사울의 죽음에 관여했다고 말하고 있다. 자신을 드러내고 마치 영웅이 된 것처럼 이야기를 과대 포장하고 있다. 누구나 상황을 모면하기 위해 이야기를 만들어낼 수 있다. 또는 자신을 드러내기 위해 하지도 않은 일을 마치 자신이 다한 것처럼 말을 만들어낼 수도 있다. 자신이 한 일이더라도 과대 포장하는 경우도 있다. 예를 들면 싸움을 하고 나서는 1:17로 싸웠다고 한다. 낚시를 다녀와서는 월척을 낚았다고 한다. 여자들은 과거에 따라다니는 남자가 한 트럭은 되었다고 한다. 남자들은 군대에서 축구를 하면 한 게임에 혼자 10골을 넣었다고 한다. 각자가 자신을 정당화하기 위해 과장하거나 상황을 확대 묘사한 경험을 나누어 보도록 한다. 그 과장과 왜곡으로 어떤 대가를 치렀는지도 말해 보도록 한다. 또한 특별한 경험이 없을 경우에는 자신이 들은 가장 과장되었다고 생각되는 이야기를 나누어 보도록 한다. 그러나 타인의 이야기는 너무 오래 이야기하지 않도록 하고 그것이 어떤 결과를 초래했는지, 어떤 교훈을 얻었는지도 서로 말하도록 한다.

2 사울의 죽음을 아말렉 소년은 포상의 기회로 삼으려 했고, 다윗은 애통하고 있다. 당신은 누군가의 아픔/죽음에 어떻게 반응하는가?

관찰문제 4번 참고. 아말렉 소년은 사울의 왕관과 팔에 있는 고리를 가지고 오면서 다윗에게 포상을 받을 꿈에 부풀었을 것이다. 그러나 정작 다윗의 반응은 옷을 찢고 해질 때까지 울며 금식한다. 다윗에게는 자신의 목숨을 위협하며 쫓던 사울 왕이었지만, 여호와께 기름 부음을 받은 왕의 죽음에 최대한의 예의를 표하고 있다. 아말렉 소년의 예상을 뒤엎는 다윗의 반응이었다. 각자 주위 사람이 아픔과 죽음을 경험할 때 어떻게 반응했는지 이야기를 나누어 보도록 한다.

직장 상사의 실수를 자신의 진급의 기회로 삼을 수 있다. 친구의 실연의 아픔을 함께 아파할 수 있지만, 나도 없는데 잘되었다고 생각할 수 있다. 이웃집 자녀의 좋은 성적 때문에 함께 기뻐할 수 있지만 배 아파할 수도 있다. 각자 자신의 반응은 어떤지 나누어 보도록 한다.

3 다윗은 손해 보는 것 같지만 하나님의 손에 맡겨 해결함을 받는다. 당신도 자신의 손으로 해결하고 싶지만 하나님께 맡기고 있는 것은 무엇인가?

아말렉 소년은 다윗이 두 번씩이나 사울을 살려 준 사실을 몰랐다. 그 이유가 '여호와의 기름 부음을 입은 자'에 대한 예우 때문이라는 것도 몰랐다. 만일 알았더라면 사울의 왕관을 가지고 당당하게 다윗 앞에 서지는 못했을 것이다. 다윗은 자신의 손으로 사울을 죽일 수 있는 기회를 두 번이나 거절하고 하나님의 손으로 해결받기를 원했다. 결국 사울은 전쟁터에서 죽음을 맞이한다. 각자 직접 해결하고 싶지만 하나님께 맡기고 있는 것은 무엇인가 이야기를 나누어 보도록 한다. 그것이 자녀의 문제, 관계의 문제, 직장에서 오해받은 것일 수도 있다. 각자의 이야기를 말해 보도록 한다.

Ⅵ. 마무리

기도로 마무리한다.
제2주 관찰문제를 예습해 오도록 한다.
실천과제를 제시한다.

생활의 아로마(실천)

예 1) 위기 모면의 거짓말은 하지 않도록 한다.
2) 너무 과장된 표현(뻥)은 자제하도록 한다.

제2주 험난한 동행

사무엘하 2:1–11

학습목표

1. 하나님의 응답이라고 모두 곧바로 이루어지는 것은 아님을 알 수 있다.

KEYWORD **칭찬, 분열, 은혜 갚음**

Ⅰ. 찬양과 기도

Ⅱ. 지난주 실천과제 나눔

Ⅲ. 복습문제 풀이

복습

1 사울의 죽음을 알린 소년은 어떻게 되었으며, 그 이유는 무엇인가? (1:14–16)

처형당했다. 여호와의 기름 부음을 받은 사람을 죽였다고 거짓말한 것에 대한 심판

Ⅳ. 말씀 사무엘하 2:1–11을 다 함께 읽는다

2:1 그 후에 다윗이 여호와께 여쭈어 아뢰되 내가 유다 한 성읍으로 올라가리이까 여

호와께서 이르시되 올라가라 다윗이 아뢰되 어디로 가리이까 이르시되 헤브론으로 갈
지니라 2 다윗이 그의 두 아내 이스르엘 여인 아히노암과 갈멜 사람 나발의 아내였던
아비가일을 데리고 그리로 올라갈 때에 3 또 자기와 함께 한 추종자들과 그들의 가족
들을 다윗이 다 데리고 올라가서 헤브론 각 성읍에 살게 하니라 4 유다 사람들이 와서
거기서 다윗에게 기름을 부어 유다 족속의 왕으로 삼았더라 어떤 사람이 다윗에게 말
하여 이르되 사울을 장사한 사람은 길르앗 야베스 사람들이니이다 하매 5 다윗이 길
르앗 야베스 사람들에게 전령들을 보내 그들에게 이르되 너희가 너희 주 사울에게 이
처럼 은혜를 베풀어 그를 장사하였으니 여호와께 복을 받을지어다 6 너희가 이 일을
하였으니 이제 여호와께서 은혜와 진리로 너희에게 베푸시기를 원하고 나도 이 선한
일을 너희에게 갚으리니 7 이제 너희는 손을 강하게 하고 담대히 할지어다 너희 주 사
울이 죽었고 또 유다 족속이 내게 기름을 부어 그들의 왕으로 삼았음이니라 하니라 8
사울의 군사령관 넬의 아들 아브넬이 이미 사울의 아들 이스보셋을 데리고 마하나임
으로 건너가 9 길르앗과 아술과 이스르엘과 에브라임과 베냐민과 온 이스라엘의 왕으
로 삼았더라 10 사울의 아들 이스보셋이 이스라엘 왕이 될 때에 나이가 사십 세이며
두 해 동안 왕위에 있으니라 유다 족속은 다윗을 따르니 11 다윗이 헤브론에서 유다
족속의 왕이 된 날 수는 칠 년 육 개월이더라

V. 관찰문제의 바른 답

말씀 돋보기(관찰)

1 시글락을 떠나 유다 땅으로 되돌아가기 위해 다윗은 무엇을 했는가? (2:1)

하나님께 물었다.

아말렉 소년의 '왕권 수여'를 거부한 다윗은 사건이 잠잠해진 후에 시글락을 떠나 유다 땅으로 돌아가기를 원했다. 먼저 그는 여호와께 모든 것을 물음으로써 하나님과 관계를 확실히 구축했다(1절). 삶에서 가장 중요한 것은 때를 분별하는 일이다. 모든 일에는 적기가 있기 때문이다. 다윗

은 결코 자신의 때를 스스로 분별하여 결정하지 않고 매사를 하나님께 여쭈었다.

2 하나님의 응답으로 다윗이 정착한 곳은 어디이며, 함께한 사람들은 누구인가?(2:2-3)

헤브론

아히노암, 아비가일, 추종자들

하나님은 다윗에게 본국으로 돌아가라 하셨고, 다윗과 식솔들을 헤브론으로 인도하셨다. 헤브론은 이스라엘 역사에서 매우 유서 깊은 도시였으며, 유다 지파에 속했던 고지대에 위치해 있었다. 블레셋과의 국경에서도 상당히 떨어져 있어서, 다윗이 블레셋 사람들의 간섭을 받지 않고 자신의 힘을 기르는 데도 매우 적합한 장소였다. 또한 헤브론은 도피성 중 가장 큰 도시였으며, 갈렙이 정복해 취한 도시로 제사장들에게 할당된 도시였다. 타국 생활을 마치고 본국으로 돌아오는 다윗과 부하들의 행렬에는 지금까지 함께 한 두 아내 아히노암과 아비가일도 있었다.

3 다윗의 귀환에 유다 사람들은 어떻게 행동했는가?(2:4)

유다 왕으로 추대

다윗이 돌아왔다는 소식을 접한 유다 사람들은 헤브론에서 그를 왕으로 추대했다(4절). 오래전 사무엘은 그에게 비밀리에 왕으로 기름을 부었지만 이번 다윗의 즉위식은 매우 성대하게 온 대중 앞에서 치러졌다. 다윗은 헤브론에서 통일 이스라엘의 왕이 아닌 유다 지파의 왕으로 7년 반을 거하게 된다(11절). 이 7년의 마지막 2년 동안은 아직 남아 있는 사울의 세력과 내란을 치러야 한다(10절). 다윗이 하나님의 섭리에 의해 이스라엘 왕이 되지만, 그 길이 결코 순탄하지만은 않다.

4 다윗이 유다의 왕이 된 후 첫 번째 한 일은 무엇인가?(2:5-7)

길르앗 야베스 사람들이 사울에게 은혜 베푼 것을 칭찬

다윗은 먼저 길르앗 야베스 사람들이 사울에게 은혜 베푼 것에 대해 칭찬했다(5절). 그들이 목숨을 걸고 사울과 아들들의 시체를 가져와 성대하게 장례식을 치러 준 것(삼상 31:11-13)을 칭찬했다. 다윗은 그들에게 여호와의 '은혜와 진리'를 빌어 주었다(6절). 또한 자신도 이 일로 길르앗 야베스에 선하게 갚을 것을 약속했다(6절).

5 사울의 아들 이스보셋을 이스라엘의 왕으로 세운 사람은 누구이며, 이것이 의미하는 것은 무엇인가?(2:8-9)

아브넬

북쪽 세력의 일인자

아브넬이 마하나임에서 사울의 아들 이스보셋을 왕으로 세웠다(8절). 사울 집안에서 아브넬이 차지했던 비중은 이미 사무엘상 26장에 나타났다. 그는 사울 다음의 권력을 행사하는 자였으며, 사울이 죽은 후 그의 위치는 더욱더 부각될 수밖에 없었다. 그가 이스보셋을 왕으로 세워 놓고 꼭두각시처럼 조종해 자신의 권력을 장악하려는 야심을 가졌던 것으로 생각된다. 다윗이 왕이 된 경위와 이스보셋이 왕이 된 경위에는 큰 차이가 있다. 다윗은 온 유다 사람에 의해 왕으로 추대된 반면, 이스보셋이 왕이 된 경위는 아브넬의 개인적인 결정이었으며, 사울 집안의 사사로운 결단이었다. 또한 이 사건은 아브넬이 사울 집안을 중심으로 형성된 북쪽 세력의 일인자임을 확실히 드러낸다. 즉 다윗이 대적해야 할 자는 이스보셋이 아니라 아브넬인 것이다.

Ⅵ. 적용과 나눔

삶의 내비게이션(적용)

1 사울은 다윗의 적이었다. 그럼에도 불구하고 다윗은 사울의 장례식을 치러준 길르앗 야베스 사람들을 칭찬한다. 당신이 서운하거나 내

키지 않았어도 칭찬하고 격려했던 일은 무엇이 있었는가?

관찰문제 4번 참고. 사울의 장례식을 치르는 것은 목숨을 걸고 하는 위험한 일이었다. 그러나 길르앗 야베스 사람들은 사울의 은혜를 잊지 않고 목숨을 걸고 이 일을 한 것이다. 다윗은 이 문제를 잊지 않고 칭찬해 준다. 다윗이 길르앗 야베스 사람들을 칭찬한 것은 마음에 안 들고 불편한 사이라도 잘한 일을 칭찬해 주는 것과 마찬가지다. 각자가 칭찬하고 격려했던 일에 대해 이야기를 나누어 보도록 한다. 먼저 자신이 칭찬받은 것, 격려받은 것을 나누어 보고, 다음으로 본인이 타인에게 한 칭찬과 격려에 대해 말해 보도록 한다. 비록 불편한 사이라도 잘한 것을 칭찬한 경험에 대해 말해 보도록 한다.

2 하나님의 뜻에 순종하며 산다고 해서 모든 것이 순탄하게 노력과 수고없이 이루어지는 것은 아니다. 당신이 하나님 뜻에 순종하려고 노력하지만 현재 힘든 부분은 무엇인가?

관찰문제 3번 참고. 다윗은 사무엘에게 기름 부음을 받았지만, 도망자 생활을 해야 했고, 사울이 죽은 뒤에도 곧바로 이스라엘 왕이 된 것이 아니라 헤브론에서 유다의 왕으로 7여 년의 세월을 보내야 했다. 이처럼 하나님 뜻대로 산다고 하지만 모든 것이 순탄하고 곧바로 이루어지는 것은 아니다. 우리는 기도를 하면 모든 것이 바로 이루어지는 줄 안다. 그러나 이것은 착각이다. 다니엘같이 하루 세 번 시간을 정해 놓고 기도하는 사람도 응답을 받기까지 21일을 기다려야 했다. 각자가 하나님 뜻에 순종하려고 하지만 현재 힘든 것은 무엇인지 이야기를 나누어 보도록 한다. 주일을 지키려고 노력하지만 가족, 학교, 직장이 방해할 수도 있다.

범사에 감사하려고 노력하지만 현실은 불평과 불만족스러운 일로 가득할 수 있다.

항상 기뻐하려고 노력하지만 들려오는 소식은 아픔과 신경 쓰이는 일뿐이다.

그러나 각자 노력하고 있는 부분에 대해 말하고, 서로 피드백을 나누도록 한다.

3 아브넬은 이스보셋을 왕으로 세웠지만, 자신이 권력을 장악하려는 야심을 가진 사람이었다. 만약 자신의 삶을 조정할 수 있다면, 당신이 이루고 싶은 것은 무엇인가?

관찰문제 5번 참고. 이스보셋이 이스라엘을 통치한 기간은 2년이었고(10절), 다윗이 헤브론에서 7년 6개월을 통치한 것을 감안하면, 사울이 죽은 후 처음 5년 동안은 아브넬이 사울 집안을 계속 지지했던 북쪽 지파들 속에서 일종의 군정관 역할을 감당했던 것으로 보인다. 그러다가 자신의 정당성을 부여하기 위해 이스보셋을 꼭두각시 왕으로 세운 것이다. 아브넬은 이스보셋에게 왕을 세우는 자의 역할을 하고 있다. 각자가 자신의 삶을 조정할 수 있다면 하고 싶은 것은 무엇이 있는가 이야기를 나누어 보도록 한다. 만일 아바타가 있다면 어떻게 조종할 것인가에 대해 말하는 것도 좋다. 지금의 나는 할 수 없지만, 이루고 싶은 것을 나누어 보도록 한다. 그리고 그것을 이룰 수 있는 방법도 말해 보도록 한다.

Ⅶ. 마무리

기도로 마무리한다.
제3주 관찰문제를 예습해 오도록 한다.
실천과제를 제시한다.

생활의 아로마(실천)

예 1) 칭찬과 격려에 인색하지 않았나 돌아보고, 적절한 때 칭찬하도록 한다.
2) 하나님의 뜻이라고 확신이 든다면 계획을 세우고 더 인내하며 하나님의 때를 기다리도록 한다.

제3주 명분 있는 왕권

사무엘하 5:1–12

학습목표

1. 성경적인 리더는 베푸는 자라는 사실을 알 수 있다.

KEYWORD **목자, 명분, 왕권**

Ⅰ. 찬양과 기도

Ⅱ. 지난주 실천과제 나눔

Ⅲ. 복습문제 풀이

복습

1 다윗이 유다의 왕이 된 후 첫 번째 한 일은 무엇인가?(2:5–7)

길르앗 야베스 사람들이 사울에게 은혜 베푼 것을 칭찬

Ⅳ. 말씀 사무엘하 5:1–12을 다 함께 읽는다

5:1 이스라엘 모든 지파가 헤브론에 이르러 다윗에게 나아와 이르되 보소서 우리는 왕
의 한 골육이니이다 2 전에 곧 사울이 우리의 왕이 되었을 때에도 이스라엘을 거느려
출입하게 하신 분은 왕이시었고 여호와께서도 왕에게 말씀하시기를 네가 내 백성 이

스라엘의 목자가 되며 네가 이스라엘의 주권자가 되리라 하셨나이다 하니라 3 이에
이스라엘 모든 장로가 헤브론에 이르러 왕에게 나아오매 다윗 왕이 헤브론에서 여호
와 앞에 그들과 언약을 맺으매 그들이 다윗에게 기름을 부어 이스라엘 왕으로 삼으니
라 4 다윗이 나이가 삼십 세에 왕위에 올라 사십 년 동안 다스렸으되 5 헤브론에서 칠
년 육 개월 동안 유다를 다스렸고 예루살렘에서 삼십삼 년 동안 온 이스라엘과 유다를
다스렸더라 6 왕과 그의 부하들이 예루살렘으로 가서 그 땅 주민 여부스 사람을 치려
하매 그 사람들이 다윗에게 이르되 네가 결코 이리로 들어오지 못하리라 맹인과 다리
저는 자라도 너를 물리치리라 하니 그들 생각에는 다윗이 이리로 들어오지 못하리라
함이나 7 다윗이 시온 산성을 빼앗았으니 이는 다윗 성이더라 8 그 날에 다윗이 이르
기를 누구든지 여부스 사람을 치거든 물 긷는 데로 올라가서 다윗의 마음에 미워하는
다리 저는 사람과 맹인을 치라 하였으므로 속담이 되어 이르기를 맹인과 다리 저는 사
람은 집에 들어오지 못하리라 하더라 9 다윗이 그 산성에 살면서 다윗 성이라 이름하
고 다윗이 밀로에서부터 안으로 성을 둘러 쌓으니라 10 만군의 하나님 여호와께서 함
께 계시니 다윗이 점점 강성하여 가니라 11 두로 왕 히람이 다윗에게 사절들과 백향목
과 목수와 석수를 보내매 그들이 다윗을 위하여 집을 지으니 12 다윗이 여호와께서 자
기를 세우사 이스라엘 왕으로 삼으신 것과 그의 백성 이스라엘을 위하여 그 나라를 높
이신 것을 알았더라

건너뛴 장 내용 요약
3장– 아브넬과 이스보셋
4장– 이스보셋이 암살당함

V. 관찰문제의 바른 답

말씀 돋보기(관찰)

1 다윗을 왕으로 세우며 이스라엘 장로들이 제시한 세 가지 명분은 무엇인가?(5:1–2)

a) 다윗(남쪽 지파)과 자신들(북쪽 지파들)은 한 골육

b) 사울의 군인으로서 자신들은 다윗과 생사를 같이 한 적이 있음

c) 여호와께서 다윗이 이스라엘의 '목자'와 '주권자'가 될 것을 말씀하신 적이 있음

이스라엘 사람은 헤브론에 있는 다윗을 찾았다. 장로들은 그를 왕으로 세우며 세 가지 명분을 제시한다(1-2절).

첫째, 다윗과 자신들-즉 남쪽과 북쪽 지파들-은 한 골육이다. 생사고락을 같이해 온 사이라는 말로 또는 피를 나눈 친척 관계라는 뜻으로 사용된다.

둘째, 사울의 군인으로서 자신들은 다윗과 생사를 같이한 적이 있다. 즉 이들은 한때 같은 정치권에 속했던 공통점을 지니고 있다.

셋째, 여호와께서 다윗이 이스라엘의 목자가 되고 이스라엘의 '주권자'가 될 것을 말씀하신 적이 있다. 즉 이들은 다윗과 같은 신앙에 근거해 그를 찾아왔음을 선언한다.

2 이스라엘 장로들이 다윗을 부르는 호칭은 무엇인가?(5:2)

목자, 주권자

북쪽 장로들은 목자 이미지를 사용함으로써 다윗에게 왕으로서의 책임과 그가 처음 기름 부음 받았을 때를 동시에 상기시키고 있다. 고대 근동에서 왕을 '목자'로 표현하는데는 특별한 뉘앙스가 있다. 목자는 아버지가 아이들을 먹이고 보호하는 것처럼 양들을 보호하는 아버지상이 매우 강한 이미지다. 그러므로 목자는 왕에게 백성을 보호하고, 먹이고, 보살피고, 양육해야 할 의무가 있다는 것을 나타내는 호칭이다.

3 다윗이 예루살렘의 여부스 사람들을 치고 차지한 성은 무슨 성인가?(5:7)

시온 성

다윗은 예루살렘을 다윗성이라 이름하였으며(9절), '시온성'이라고 불리

기도 했다(7절).

예루살렘은

1) 여호수아 시대에 유다 지파에게 주어짐(수 15:63).

2) 지난 400년 동안 이스라엘에 속하지 않은 땅

3) 지형이 험하고 복잡하기에 지극히 적은 숫자로도 수많은 적을 쉽게 방어할 수 있었음
(북쪽을 제외한 세 면이 골짜기로 둘러싸임: 해발 600m에 위치한 도시)

4) 북쪽 이스라엘과 남쪽 유다 사람들을 모두 소외시키지 않는 곳, 지형적으로 다른 어떤 도시보다 이스라엘의 동서남북을 효과적으로 통치할 수 있는 위치

5) 훗날 바빌론 제국의 군대가 주전 587년에 예루살렘 포위를 시작한 후 거의 1년 반 만에 점령

4 두로 왕 히람이 다윗을 위해 보낸 것은 무엇이며, 이것이 의미하는 것은 무엇인가?(5:11)

사절단, 나무, 목수, 석수

다윗이 다스리는 이스라엘의 위상이 높아졌음을 의미

다윗이 왕이 된 후 이스라엘은 여러 방면에서 눈부신 발전을 거듭했다. 나라의 발전은 또한 다윗 개인의 번영이기도 했다. 다윗이 왕이 된 후 두로의 왕 히람은 사절단과 나무, 기능공 등을 보내 다윗의 궁궐을 지어주었다. 두로는 오래전부터 배를 띄워 아프리카에서 유럽까지 오가며 교역하는 상인들의 나라였으며, 지중해 주변 국가들 사이의 교역을 좌우하는 영리주의의 심장이었다. 그런 나라가 이스라엘에게 호의를 베풀었다는 것은 그만큼 다윗이 다스리는 이스라엘의 위상이 높아졌음을 의미한다. 다윗이 두로의 호의를 받아들인 것은 그가 이스라엘을 국제적 규모의 상업주의의 일원으로 올려놓았음을 뜻하기도 한다. 이 일이 계기가 되어 두 나라의 외교관계는 더욱더 두터워지며, 훗날 솔로몬은 두로의 기능공들과 무역에 의존해 여호와의 성전을 짓게 된다.

5 다윗이 외교적인 안정과 나라의 번영을 통해 깨달은 것은 무엇인가? (5:12)

하나님이 그를 왕으로 세우신 것은 이스라엘 백성을 번영하게 하시려고 이루신 일이라는 것을 깨달았다.

다윗은 그가 누리는 외교적인 안정과 나라의 번영은 왕으로 세워 주신 여호와께서 백성을 번영하게 하시려고 이루신 일이라는 것을 의식하고 고백했다(12절). 물론 이스라엘이 이웃 나라들과 경제적인 교류, 부, 자급자족을 추구하는 것은 위험한 행위였다. 그러나 이것들을 잘 관리하면 나라에 긍정적인 영향을 미칠 수 있다. 다윗은 이 일을 잘 감당해서 이스라엘이 물질적인 풍요를 누리면서도 영적으로 타락하는 일이 없도록 최선을 다해야 한다는 것을 알고 있었다. 다윗은 여호와의 도구로서 자신의 위치를 확실히 알았던 것이다. 다윗 왕권의 정체성은 누리는 것에 있지 않고, 하나님 백성인 이스라엘을 발전시키는 촉매제로서 존재한다는 점을 인식한 것이다. 이것이 올바른 기독교 정치관이다.

Ⅵ. 적용과 나눔

삶의 내비게이션(적용)

1 이스라엘 장로들은 사울을 '취하는 자'로 묘사하며 다윗은 '베푸는 자'가 되어야 한다고 호소한다. 당신이 과거에 알고 있는 '취하는 자' 또는 '베푸는 자'는 누가 있었는가? 당신은 어느 쪽인가?

관찰문제 2번 참고. 이스라엘 장로들은 '목자' 이미지를 사용하고 있다. 목자는 아버지가 아들을 먹이고 보호하는 것처럼 양들을 보호하는 아버지의 이미지다. 목자 이미지는 성경적인 통치 철학을 잘 반영하고 있다. 예수님을 선한 목자로 표현하는 부분(요 10:11)에서도 이런 성향을 감지할 수 있다. 각자 과거에 알고 있는 '취하는 자'는 누가 있는지 이야기를 나누어 보도록 한다. 시댁의 모든 것을 가져가는 시누이, 일은 다 시키고 공은 자신이 취하는 직장 상사, 보기만 하면 돈을 내놓으라는 학교 일진 등이 있을 수 있다. 다음으로 '베푸는 자'는 누가 있었는지 이야기를 나누어 본다. 늘 나누어 주기만 하는 어머니/아버지, 통 크게 베풀 줄 아는 장로님/권사님 등 주변 사람들에 대해 말해 보도록 한다. 그리고 자신은 어느 쪽에 속하는가에 대해 서로 이야기해 보도록 본다.

2 다윗이 생각하는 이스라엘의 번영은 자신이 누리는데 있지 않고, 하나님 백성인 이스라엘이 발전하는 것이다. 당신은 물질적 풍요를 어떤 목적으로 사용하고 있는가?

관찰문제 5번 참고. 성경에서 두로의 출현은 두 가지 의미가 있다. 먼저, 축복이다. 여호와께서 다윗과 이스라엘의 위상을 높여 주셨기에 이스라엘에게 이렇게 좋은 날이 온 것이다. 둘째, 하나님의 축복은 극히 조심스럽게 다루고 신중하게 접근해야 한다. 새로운 기회는 새로운 위험을 안고 있기 때문이다. 잘못하면 축복이 저주로 변할 여지가 많다. 신명기 17:17은 "자기를 위하여 은금을 많이 쌓지 말라"고 왕에게 분명히 경고한다. 그러므로 표면적으로는 11절이 역사적 보고인 것 같지만, 실제로는 심각한 경고였다. 하나님의 축복은 이처럼 양면성을 지닐 때가 많다. 하나님의 축복을 잘 사용하면 많은 사람을 행복하게 하지만, 잘못 사용하면 오히려 영적 걸림돌이나 올무가 될 수 있다. 루터가 말한 것처럼 물질적인 축복은 항상 위험을 동반한다. 각자 물질적인 풍요를 어떻게 사용하고 있는가 이야기를 나누어 보도록 한다. 지금은 물질적으로 어렵지만 물질적인 풍요를 주신다면 어떻게 사용할 것인가에 대해 이야기를 나누어 볼 수도 있다. 또한 과거에 물질적으로 부족했을 때와 현재 형편이 나아져서 변한 것은 무엇이 있는지 이야기를 나누어 보도록 한다.

3 당신은 크리스천 리더가 되기 위해 필요한 자질 세 가지는 무엇이라고 생각하는가?

관찰문제 1번, 2번 참고. 하나님은 다윗을 왕으로 세우실 때 목자의 모습으로 '보호하고 먹이고, 보살피고, 양육해야' 할 것을 강조하셨다. 각자 생각하는 크리스천 리더의 필요한 자질을 세 가지만 이야기해 보도록 한다. 믿음, 겸손, 베푸는 자 이런 내용을 이야기할 수도 있지만, 외모, 키, 스펙 같은 이야기도 나올 수 있다. 각자의 생각을 자연스럽게 이야기하도록 하고, 성경이 말하는 리더에 대해 말하는 것으로 마무리한다.

Ⅶ. 마무리

기도로 마무리한다.
제4주 관찰문제를 예습해 오도록 한다.
실천과제를 제시한다.

생활의 아로마(실천)

예 1) 기도하면서 떠오르는 사람에게 식사를 대접하도록 한다.

2) 물질적인 풍요/부족으로 인한 나와 하나님의 관계의 변화를 점검해 보도록 한다.

제4주 이번엔 제대로

사무엘하 6:1-19

학습목표

1. 하나님은 우리가 이용하고 조종할 수 있는 존재가 아님을 알 수 있다.

KEYWORD **법궤, 두려움, 기쁨**

Ⅰ. 찬양과 기도

Ⅱ. 지난주 실천과제 나눔

Ⅲ. 복습문제 풀이

복습

1 이스라엘 장로들이 다윗을 부르는 호칭은 무엇인가?(5:2)

목자, 주권자

2 다윗이 외교적인 안정과 나라의 번영을 통해 깨달은 것은 무엇인가? (5:12)

하나님이 그를 왕으로 세우신 것은 이스라엘 백성을 번영하게 하시려고 이루신 일이라는 것을 깨달았다.

Ⅳ. 말씀 사무엘하 6:1-19을 다 함께 읽는다

6:1 다윗이 이스라엘에서 뽑은 무리 삼만 명을 다시 모으고 2 다윗이 일어나 자기와 함
께 있는 모든 사람과 더불어 바알레유다로 가서 거기서 하나님의 궤를 메어 오려 하니
그 궤는 그룹들 사이에 좌정하신 만군의 여호와의 이름으로 불리는 것이라 3 그들이
하나님의 궤를 새 수레에 싣고 산에 있는 아비나답의 집에서 나오는데 아비나답의 아
들 웃사와 아효가 그 새 수레를 모니라 4 그들이 산에 있는 아비나답의 집에서 하나님
의 궤를 싣고 나올 때에 아효는 궤 앞에서 가고 5 다윗과 이스라엘 온 족속은 잣나무
로 만든 여러 가지 악기와 수금과 비파와 소고와 양금과 제금으로 여호와 앞에서 연주
하더라 6 그들이 나곤의 타작 마당에 이르러서는 소들이 뛰므로 웃사가 손을 들어 하
나님의 궤를 붙들었더니 7 여호와 하나님이 웃사가 잘못함으로 말미암아 진노하사 그
를 그 곳에서 치시니 그가 거기 하나님의 궤 곁에서 죽으니라 8 여호와께서 웃사를 치
시므로 다윗이 분하여 그 곳을 베레스웃사라 부르니 그 이름이 오늘까지 이르니라 9
다윗이 그 날에 여호와를 두려워하여 이르되 여호와의 궤가 어찌 내게로 오리요 하고
10 다윗이 여호와의 궤를 옮겨 다윗 성 자기에게로 메어 가기를 즐겨하지 아니하고 가
드 사람 오벧에돔의 집으로 메어 간지라 11 여호와의 궤가 가드 사람 오벧에돔의 집
에 석 달을 있었는데 여호와께서 오벧에돔과 그의 온 집에 복을 주시니라 12 어떤 사
람이 다윗 왕에게 아뢰어 이르되 여호와께서 하나님의 궤로 말미암아 오벧에돔의 집
과 그의 모든 소유에 복을 주셨다 한지라 다윗이 가서 하나님의 궤를 기쁨으로 메고
오벧에돔의 집에서 다윗 성으로 올라갈새 13 여호와의 궤를 멘 사람들이 여섯 걸음을
가매 다윗이 소와 살진 송아지로 제사를 드리고 14 다윗이 여호와 앞에서 힘을 다하여
춤을 추는데 그 때에 다윗이 베 에봇을 입었더라 15 다윗과 온 이스라엘 족속이 즐거
이 환호하며 나팔을 불고 여호와의 궤를 메어오니라 16 여호와의 궤가 다윗 성으로 들
어올 때에 사울의 딸 미갈이 창으로 내다보다가 다윗 왕이 여호와 앞에서 뛰놀며 춤추
는 것을 보고 심중에 그를 업신여기니라 17 여호와의 궤를 메고 들어가서 다윗이 그것
을 위하여 친 장막 가운데 그 준비한 자리에 그것을 두매 다윗이 번제와 화목제를 여
호와 앞에 드리니라 18 다윗이 번제와 화목제 드리기를 마치고 만군의 여호와의 이름
으로 백성에게 축복하고 19 모든 백성 곧 온 이스라엘 무리에게 남녀를 막론하고 떡
한 개와 고기 한 조각과 건포도 떡 한 덩이씩 나누어 주매 모든 백성이 각기 집으로
돌아가니라

V. 관찰문제의 바른 답

말씀 돋보기(관찰)

1 다윗이 자기와 함께 있는 모든 사람과 더불어 진행하려는 일은 무엇인가?(6:2)

하나님의 궤를 예루살렘으로 옮기는 것

다윗은 정권이 안정되자 하나님의 궤를 예루살렘으로 옮겨 오기를 원했다. 그는 정예군 3만 명을 이끌고 지난 반세기 동안 법궤가 머물러 있던 바알라에 있는 아비나답의 집을 찾았다. 성경이 법궤에 대해 마지막으로 언급했을 때 법궤는 기럇여아림에 있었다(삼상 7:1). 그러므로 바알라는 기럇여아림의 가나안 이름으로 추정된다.

2 다윗은 법궤를 어떻게 운반했는가?(6:3)

소들이 끄는 수레에 실어서 운반

법궤를 예루살렘으로 옮기면서 소들이 끄는 수레에 실어서 운반했다(6:3). 다윗은 절차상 결함이 있는 일을 하고 있다(대상 13:1–14; 15:1–24). 모세의 율법에 따르면, 법궤를 옮길 때는 해달의 가죽으로 덮어야 하며 레위 지파에 속하는 고핫 자손만이 장대로 꿰어 메고 옮길 수 있다(민 4:5–15). 그런데 다윗은 새로운 방법을 사용하고 있다. 그것도 오래전에 블레셋 사람이 사용한 방법 즉 이방인이 법궤를 취급했던 방식을 유대인이 모방하는 것이다. 다윗은 여호와 하나님을 경배하기 위해 법궤를 옮겨 오려는 것이 아니다. 오히려 정치적으로 이용해 자신의 정권에 종교적 정당성을 부여하고자 법궤를 예루살렘으로 옮기고 있다.

〈블레셋 전쟁과 다윗의 법궤 이동의 공통점〉

	블레셋군	다윗
법궤 호칭	그룹 사이에 계신 만군의 여호와의 언약궤(삼상 4:4)	그룹들 사이에 좌정하신 만군의 여호와의 이름으로 불리는 것
이동 방법	블레셋에서 돌아올 때 수레에 실려 옴(삼상 6:7-12)	예루살렘으로 옮기면서 소들이 끄는 수레에 실어 감(3, 6절)
하나님의 뜻	묻지 않음	묻지 않음
재앙	벧세메스 사람 70명을 죽임	웃사를 죽임

3 법궤 운반 도중에 웃사가 죽자 다윗은 어떻게 반응했는가?(6:6-9)

다윗이 두려워함

일행이 나곤의 타작마당에 이르렀을 때 일이 터졌다. 수레를 끌던 소들이 뛰어 궤가 땅에 떨어질 뻔 하자 웃사가 손으로 잡은 것이다. 하나님이 웃사를 치심으로 그는 그 자리에서 죽었다. 율법은 어떤 이유에서든 사람이 법궤를 만지는 것을 허용하지 않는다(민 4:15). 웃사는 법궤가 걱정이 되어 한 일이었지만, 하나님은 용납하지 않으신 것이다. 법궤를 만지는 것은 하나님의 거룩하심을 훼손하는 행위이며 법궤에 지나치게 접근하는 것도 불손한 행동에 속한다. 다윗은 웃사의 죽음을 기념하기 위해 그곳을 베레스웃사(웃사를 침)라는 이름으로 불렀고, 법궤를 오벧에돔의 집에 남겨둔 채 예루살렘으로 돌아왔나. 다윗이 화를 낸 것은 자기 뜻대로 되지 않은 것에 대한 분노를 하나님께 표현한 것이다. 다윗은 여호와를 새로운 차원에서 두려워하게 되었고, 훗날 밧세바와 간음한 것에 대한 지적에 바로 회개할 수 있었다.

4 다시 하나님의 궤를 다윗 성으로 어떻게 운반했는가?(6:13-14)

사람들이 궤를 메고 옮김

법궤가 머물러 있는 오벧에돔의 집안에 하나님의 복이 가득하다는 말을 전해 들은 다윗은 다시 법궤를 예루살렘으로 옮겨오려 한다. 이번에는 수레에 싣지 않고 사람들이 날랐다. 다시 시작된 작전은 성공적이었다.

제사장만이 입을 수 있는 옷을 입은 다윗은(14–15절) 제사장–왕의 역할을 잘 감당해 냈다. 다윗은 매우 성대한 잔치를 베풀었으며, 법궤를 멘 사람들이 여섯 걸음을 뗄 때마다 제물을 바쳤다. 여섯 걸음은 안식일과 연관이 있으며, 전 과정을 거룩하게 하기 위한 조치였을 것이다.

5 다윗 왕이 여호와 앞에서 뛰놀며 춤추는 것을 보고 업신여긴 사람은 누구인가?(6:16)

미갈

다윗은 열렬히 춤을 추며 법궤의 예루살렘 입성을 환영한다. 여호와도, 온 백성도, 제사장도 만족해 하는 일이었다. 다만 한 여인만 불편한 눈으로 다윗을 주시했다(16절). 그녀는 다윗의 아내이자 사울의 딸 미갈이었다. 성경은 미갈을 '사울의 딸'이라고 소개한다(16절). 미갈이 다윗의 행동을 못마땅하게 여긴 이유는 그녀가 사울 집안을 대표하고 사울의 관점에서 이 일을 바라보았기 때문이다.

Ⅵ. 적용과 나눔

삶의 내비게이션(적용)

1 법궤가 예루살렘에 입성할 때 모든 사람이 환영했다. 그러나 다윗의 아내 미갈만 다윗에게 불편한 시선을 보냈다. 당신이 과거에 모두가 환영하는 일을 혼자 불편해 했거나 모두 기뻐하는 일에 한 사람의 반대를 경험한 것은 무엇이 있었는가?

관찰문제 5번 참고. 다윗은 춤을 추며 법궤의 예루살렘 입성을 환영했다. 이것은 여호와도, 다윗도, 온 백성도, 제사장도 만족해 하는 일이었다. 그러나 다윗의 아내이자 사울의 딸 미갈만 불편한 눈으로 다윗을 주시했다. 환영하는 일이라고 해서 반대하거나 불편해 하는 사람이 없는 것은 아니다. 교회에서도 모두 찬성하는 일에 유독 반대하는 사람이 있다. 반대를 위한 반대인지, 의견에 대한 반대인지, 찬성하는 사람에 대한 반대인지 구분하기 어려울 때가 있다. 가정, 직장, 교회, 관계에서도 있을 수 있는 일이다. 각자 경험한 모두 환영하는 일을 혼자 불편해 했거나 반대한 경험은 무엇이 있었는지 이야기를 나누어 보도록 한다. 자신이 반대한 경험, 반대를 당한 경험 모두 이야기를 나누어 보고, 그때의 기분과 왜 반대를 했는지도 서로 말해 보도록 한다.

2 다윗은 법궤를 이용하여 자신의 목적을 달성하려다가 웃사를 잃었다. 당신도 혹시 하나님이나 신앙을 이용해서 얻으려는 것이 있는가?

관찰문제 2번 참고. 다윗은 여호와의 법궤를 자신의 정치적 야심과 목적을 추구하는 데 사용하려 했지만, 하나님은 그에게 법궤가 이러한 목적으로 사용될 수 없음을 가르쳐 주셨다. 그러므로 이 사건은 하나님이 우리를 사랑하신다고 해서 우리가 그분의 인격을 쉽게 여기는 것을 용납하지 않는다는 강력한 경고를 주고 있다. 오늘날에도 하나님을, 교회를 이용해서 자신의 이득을 취하려는 사람들이 있다. 선거철만 되면 교회를 찾아오는 정치인, 사업을 위해 교회에 출석하는 교인(다단계, 영업)등이 있다. 그리스도인이 신앙을 이용해 얻으려 하는 것에는 무엇이 있는지 이야기를 나누어 보도록 한다. 그리고 각자도 그런 모습이 있는지 말해 보도록 한다.

3 하나님에 대한 거룩한 두려움이 당신의 삶을 지배하려면 어떤 방면에서 무엇을 노력해야 하는가?

관찰문제 3번 참고. 다윗은 웃사 사건을 통해 새로운 차원에서 하나님을 이해하게 되었고, 하나님에 대한 두려움을 갖게 되었다. 다윗은 하나님 마음에 합한 자, 하나님이 세운 왕이지만 잘못에 대한 대가는 치러야 했다. 하나님에 대한 거룩한 두려움은 그분을 제대로 알 필요성을 갖게 한다. 그리고 하나님은 때에 따라 심판하시는 분이라는 사실을 알게 한다. 우리는 대체로 하나님을 목자, 친구 개념으로 은혜의 하나님, 사랑의 하나님으로 이해한다. 그러나 하나님은 죄는 용서하시되 그 대가는 확실하게 치르게 하시는 하나님이기도 한다. 각자 하나님의 거룩한 두려움을 가지려면 어떤 방면에서 무엇을 노력해야 하는가를 나누어 보도록 한다. 신앙의 연륜이 깊어지면 죄에 대한 회개가 빨라야 하는데 많은 경우 '인간이니까'하면서 합리화를 한다. 합리화는 거룩한 두려움에서 멀어지게 하는데, 자신이 합리화하고 있는 것은 무엇이 있는가 이야기를 나누어 보고 거룩한 두려움을 갖기 위해 버려야 하는 합리화에 대해서도 말해 보도록 한다.

예) 성경을 읽는다.
기도를 한다.
미워하는 마음을 버린다.
이웃을 사랑한다.
죄에 대해 철저히 회개한다.

Ⅶ. 마무리

기도로 마무리한다.
제5주 관찰문제를 예습해 오도록 한다.
실천과제를 제시한다.

생활의 아로마(실천)

예 1) 하나님의 이름을 이용해서 나의 목적을 이루려는 것인지 하나님의 일을 하려는 것인지 점검해 보도록 한다.

제5주 다윗 언약

사무엘하 7:1–17

학습목표

1. 하나님은 우리의 작은 마음을 기뻐하시고 더 큰 복을 내려주심을 알 수 있다.

KEYWORD **마음, 약속, 예언**

Ⅰ. 찬양과 기도

Ⅱ. 지난주 실천과제 나눔

Ⅲ. 복습문제 풀이

 **복습**

1 다시 하나님의 궤를 다윗 성으로 어떻게 운반했는가?(6:13–14)

사람들이 궤를 메고 옮김

Ⅳ. 말씀 사무엘하 7:1–17을 다 함께 읽는다

7:1 여호와께서 주위의 모든 원수를 무찌르사 왕으로 궁에 평안히 살게 하신 때에 2 왕
이 선지자 나단에게 이르되 볼지어다 나는 백향목 궁에 살거늘 하나님의 궤는 휘장 가

운데에 있도다 3 나단이 왕께 아뢰되 여호와께서 왕과 함께 계시니 마음에 있는 모든
것을 행하소서 하니라 4 그 밤에 여호와의 말씀이 나단에게 임하여 이르시되 5 가서
내 종 다윗에게 말하기를 여호와께서 이와 같이 말씀하시되 네가 나를 위하여 내가 살
집을 건축하겠느냐 6 내가 이스라엘 자손을 애굽에서 인도하여 내던 날부터 오늘까
지 집에 살지 아니하고 장막과 성막 안에서 다녔나니 7 이스라엘 자손과 더불어 다니
는 모든 곳에서 내가 내 백성 이스라엘을 먹이라고 명령한 이스라엘 어느 지파들 가운
데 하나에게 내가 말하기를 너희가 어찌하여 나를 위하여 백향목 집을 건축하지 아니
하였느냐고 말하였느냐 8 그러므로 이제 내 종 다윗에게 이와 같이 말하라 만군의 여
호와께서 이와 같이 말씀하시기를 내가 너를 목장 곧 양을 따르는 데에서 데려다가 내
백성 이스라엘의 주권자로 삼고 9 네가 가는 모든 곳에서 내가 너와 함께 있어 네 모
든 원수를 네 앞에서 멸하였은즉 땅에서 위대한 자들의 이름 같이 네 이름을 위대하게
만들어 주리라 10 내가 또 내 백성 이스라엘을 위하여 한 곳을 정하여 그를 심고 그를
거주하게 하고 다시 옮기지 못하게 하며 악한 종류로 전과 같이 그들을 해하지 못하
게 하여 11 전에 내가 사사에게 명령하여 내 백성 이스라엘을 다스리던 때와 같지 아
니하게 하고 너를 모든 원수에게서 벗어나 편히 쉬게 하리라 여호와가 또 네게 이르노
니 여호와가 너를 위하여 집을 짓고 12 네 수한이 차서 네 조상들과 함께 누울 때에 내
가 네 몸에서 날 네 씨를 네 뒤에 세워 그의 나라를 견고하게 하리라 13 그는 내 이름
을 위하여 집을 건축할 것이요 나는 그의 나라 왕위를 영원히 견고하게 하리라 14 나
는 그에게 아버지가 되고 그는 내게 아들이 되리니 그가 만일 죄를 범하면 내가 사람
의 매와 인생의 채찍으로 징계하려니와 15 내가 네 앞에서 물러나게 한 사울에게서 내
은총을 빼앗은 것처럼 그에게서 빼앗지는 아니하리라 16 네 집과 네 나라가 내 앞에서
영원히 보전되고 네 왕위가 영원히 견고하리라 하셨다 하라 17 나단이 이 모든 말씀들
과 이 모든 계시대로 다윗에게 말하니라

V. 관찰문제의 바른 답

말씀 돋보기(관찰)

1 다윗이 궁에 편안히 거하면서 계획한 것은 무엇인가?(7:2)

하나님을 위한 전을 건축하는 것

다윗 자신은 백향목으로 지은 궁전에 사는데 하나님의 거처는 겨우 '천막'이라는 것이 미안해서 여호와가 거하실 거대한 집을 짓기를 원했다. 고대 왕은 정권을 정당화하고자 할 때 흔히 자신이 섬기는 신의 신전을 지었다. 종교를 중심으로 이루어진 사회였기에, 왕의 신전 건축은 온 백성을 통치하는데 상당히 긍정적인 영향력을 미쳤다. 그러나 다윗은 지금 순수한 동기에서 여호와가 거할 처소를 건축하고자 했다. 율법에 따르면 이스라엘은 약속의 땅에 정착해 원수들로부터 평화를 누리는 때가 오면 하나님이 정하신 곳에 주의 집을 지을 것이고, 그 후에는 그곳에서만 예배를 드릴 것(신 12:10–11)이라고 했다. 법궤를 예루살렘으로 옮겨온 다윗은 바로 그 장소가 예루살렘이라고 확신했기에 이같이 말했던 것이다.

2 다윗의 뜻에 찬성한 나단에게 그날 밤에 말씀하신 하나님의 뜻은 무엇인가?(7:5–7)

하나님은 다윗에게 자신은 출애굽 이후 한 번도 영구히 거할 장소를 백성에게 요구한 바가 없으며, 당분간은 그대로 유지할 것을 선언하신다.

하나님은 그날 밤에 나단에게 오셔서 다른 말씀을 하셨다. 하나님은 다윗에게 자신은 출애굽 이후 한 번도 영구히 거할 장소를 백성에게 요구한 바가 없으며, 당분간은 그대로 유지할 것을 선언하신다. 다윗의 계획을 거부한 것이다. 하나님이 성전에 거하시면 이동성이 제한되는 것이 하나님을 불편하게 한다.

3 하나님은 다윗의 삶에 어떻게 관여하셨는가?(7:8–9)

a) 하나님은 목장에서 다윗을 데려다가 자신의 백성 이스라엘의 주권자로 삼으셨다.

b) 다윗은 하나님 은혜로 많은 전쟁에서 승리했고, 적들을 가차없이 물리쳤다.

하나님은 그동안 다윗의 삶에 일어난 일들에 대해서 회고하신다(8–9절).

하나님은 목장에서 다윗을 데려다가 자신의 백성 이스라엘의 주권자로 삼으셨다. 만약 하나님이 관여하지 않으셨다면, 아직도 목장에서 양을 치고 있을 것이다. 양을 치던 그가 이제 하나님 은혜로 하나님 백성 이스라엘을 치는 것이다.

다윗은 많은 전쟁에서 승리했고, 적들을 가차없이 물리쳤다. 그때마다 그는 여호와께서 자신과 함께하셨기에 승리할 수 있었다고 고백했을 것이다. 말씀의 요지는 간단하다. 다윗은 끊임없는 하나님의 능력과 은혜에 의해 창조된 작품이라는 것이다.

4 하나님의 집을 짓기를 원하는 다윗에게 주신 하나님의 약속은 무엇인가?(7:10)

하나님은 정권뿐만 아니라 앞으로 영원히 지속될 그의 왕조까지 축복하신다.

다윗은 순수한 동기에서 하나님의 집을 짓기를 원했다. 그러나 하나님은 아직 성전을 지을 때가 아니라고 하시면서 오히려 다윗의 정성과 관심을 기특하게 여기고 그를 위해 영원한 '집'을 지어 주신다. 하나님이 다윗을 위해 지으실 '집'은 여호와께서 다윗과 후손이 영원토록 통치할 수 있도록 기회를 주시는 것을 의미한다(13, 16절). 다윗은 자신의 정권을 정당화/합법화하는데 전력을 쏟았다. 그런데 하나님은 정권뿐만 아니라 앞으로 영원히 지속될 그의 왕조까지 축복하신다. 이 통치권의 범위는 메시아이신 예수님까지 연장된다.

5 하나님이 다윗에게 주신 약속은 무엇인가?(7:9-16)

a) 내가 네 이름을 위대하게 만들어 주리라

b) 내가 내 백성 이스라엘을 위해 한 곳을 정해 그를 심으리라

c) 너를 모든 원수에게서 벗어나 편히 쉬게 하리라

d) 네 수한이 차서 네 조상들과 함께 누울 때에 내가 네 몸에서 날 네 씨를 네 뒤에 세우리라

e) 다윗의 씨앗이 여호와를 위하여 집을 건축할 것이다

f) 나는 그[다윗의 씨앗]에게 아버지가 되고 그는 내게 아들이 되리라

g) 네 집과 네 나라가 내 앞에서 영원히 보전되고 네 왕위가 영원히 견고하리라

다윗 언약은 이스라엘의 국가적, 민족적, 종교적 정의를 내려주며, 영국 사법제도의 근원이 된 대헌장, 혹은 미국의 독립선언문과도 비교되기도 한다. 이 언약은 이스라엘을 초월해 온 인류에 영향을 미쳤다. 이 언약으로 인류의 구세주이신 예수님이 다윗의 후손으로 오셨기 때문이다. 다윗 언약은 온 인류에게 내려진 축복이요, 소망인 것이다.

첫째, "내가 네 이름을 위대하게 만들어 주리라"(9절; cf. 창 12:2). 하나님은 다윗에게 영원히 기념될 만한 명예를 약속하신다.

둘째, "내가 내 백성 이스라엘을 위해 한 곳을 정해 그를 심으리라"(10절; cf. 창 15:18; 신 11:24–25; 수 1:4–5). 이제 방황과 환란의 시대는 지나갔고, 이스라엘이 가나안 땅에서 뿌리 내리며 한 민족으로서 자리를 굳혀 갈 것을 말씀하신다.

셋째, "너를 모든 원수에게서 벗어나 편히 쉬게 하리라"(11절; cf. 신 12:9; 수 21:44–45; 시 95:11). 예루살렘에 성전이 세워지면 안식이 성취될 것이며, 앞으로 다윗은 주변 국가들을 쳐서 가나안 전 지역을 평정하게 될 것이다.

넷째, "네 수한이 차서 네 조상들과 함께 누울 때에 내가 네 몸에서 날 네 씨를 네 뒤에 세우리라"(12절; cf. 창 17: 7–10, 19). 다윗 왕조는 그가 죽은 후에도 후손을 통해 이어질 것이니 염려하지 말라는 의미다.

다섯째, "다윗의 씨앗이 여호와를 위하여 집을 건축할 것이다"(13절; cf. 왕상 8:18–20; 대상 28:6–7). 이 씨앗은 솔로몬이다. 다윗은 열심히 물질을 모았고, 솔로몬은 아버지의 유산으로 성전을 짓게 될 것이다.

여섯째, "나는 그[다윗의 씨앗]에게 아버지가 되고 그는 내게 아들이 되리라"(14절; cf. 출 4:22–23; 시 89:26–27). 그가 잘못하면 하나님은 아버지가 자식을 징계하듯 징계하실 것이다. 그러나 결코 사울과 같이 버림받지는 않을 것이라고 선언하신다.

일곱째, "네 집과 네 나라가 내 앞에서 영원히 보전되고 네 왕위가 영원히 견고하리라"(16절). 하나님은 다윗을 영원히 지켜 주실 것을 약속하신다.

삶의 내비게이션(적용)

1 하나님은 목동이었던 다윗의 삶에 개입하여서 왕으로 세우셨다. 당신의 삶에는 어떻게 관여하셨는가?

관찰문제 3번 참고. 만일 하나님의 개입이 없었다면 다윗은 목동으로 평생 양을 돌보며 살았을 것이다. 그러나 하나님의 개입으로 그는 왕으로의 삶으로 인도되었다. 각자 하나님이 자신의 삶에 어떻게 개입하셨는가에 대해 이야기를 나누어 보도록 한다. 하나님의 개입으로 목회자나 선교사가 될 수도 있다. 술을 좋아했는데 끊었을 수도 있다. 직업이 달라지거나 만나는 사람이 달라질 수도 있다. 학생들의 경우 술이나 담배를 가까이하지 않을 수 있고, 혼전 순결에 대해 생각해 볼 수도 있다. 각자 하나님이 나의 삶을 어떻게 변화시켰는가에 대해 이야기를 나누어 보도록 한다. 만일 지금까지 전혀 변화를 모르겠다면 하나님이 개입하셨으면 하는 부분에 대해 말해 보도록 한다.

2 선지자 나단은 다윗의 의견에 찬성하지만 정작 하나님은 반대하신다. 선지자라고 해서 항상 하나님의 뜻을 전하는 것은 아니다. 경우에 따라서는 나단처럼 인간의 말을 전할 수 있다. 당신이 만난 사람 중에 하나님의 말씀이라고 하면서 인간의 말을 전하는 사람이 있었는가?

관찰문제 2번 참고. 나단과 다윗의 이야기를 통해 우리는 한 가지 교훈을 얻었다. 예레미야도 이 같은 사례를 보여준다. 예레미야가 하루는 멍에를 메고 공공장소에 나타나 자신이 멍에를 멘 것처럼 유다도 바빌론의 멍에를 져야 한다고 예언했다. 그때 거짓 선지자들의 대표 하나냐라는 사람이 나타나 예레미야가 메고 있던 멍에를 부러뜨리고 여호와께서 자신에게 말씀하시길 유다는 절대 바빌론의 멍에를 지지 않을 것이라고 했다. 순간적으로 예레미야는 하나님의 뜻에 대해 혼란에 빠져 별다른 말을 하지 못하고 자리를 떴다. 집으로 돌아온 예레미야는 그날 밤 하나님께 기도해 보고 나서 하나냐가 거짓말을 했다는 사실을 알게 되었다. 그래서 그는 다음 날 하나냐의 집안에 저주를 선언한다(렘 28

장). 예레미야가 골방에 들어가 하나님께 기도하고 난 후에야 사람들이 말한 것과 다른 계시를 받는 이야기는 예레미야 42-43장에도 기록되어 있다. 오늘날에도 마찬가지다. 우리 주변에 하루 24시간 하나님과 교통하며 직통으로 계시를 받는다는 사람들을 주의해야 한다. 그들의 '계시'가 자주 틀리는 것을 보면 상당수는 예언자를 가장한 점쟁이일 뿐이다. 각자 알고 있는 하나님의 말씀이 아니라 인간의 말을 하는 사람들에 대해 이야기를 나누어 보도록 한다. 또한 그리스도인이라고 하면서 점을 보러 다니는 사람들에 대해 어떻게 생각하는지 서로 말해 보도록 한다. 또한 선지자가 전한 하나님의 말씀을 맹목적으로 믿기보다는 성경 말씀으로 판단하는 분별력을 가져야 하며, 이것을 위해 기도해야 한다.

3 다윗은 하나님께 성전을 지어드릴 선한 계획을 갖는다. 그러나 하나님은 아들 솔로몬이 성전을 건축하도록 하셨다. 당신에게 무한한 능력이 있다면 무엇을 하고 싶은가?

관찰문제 5번 참고. 다윗이 성전을 지어드리는 선한 계획을 가졌지만 하나님의 뜻은 아니었다. 이와 같이 우리가 하나님을 향한 좋은 뜻을 가지지만 그것을 반드시 우리가 다 해야 되는 것은 아니다. 다윗이 준비하고 솔로몬이 건축하듯이, 아버지 세대가 꿈을 갖고 준비하고, 아들 세대 혹은 손자 세대에서 이루어질 수도 있다. 신앙 1세대와 신앙 2, 3세대가 해야 할 역할이 다른 것이다. 그 역할에 대해 이야기를 나누어 보도록 한다. 자신은 어디에 위치해 있는가 점검해 보도록 한다. 그리고 무한한 능력이 있다면 무엇을 하고 싶은가에 대해서도 서로 말해 보도록 한다.

Ⅶ. 마무리

기도로 마무리한다.
제6주 관찰문제를 예습해 오도록 한다.
실천과제를 제시한다.

생활의 아로마(실천)

예 1) 한 주 동안 과거에 나의 삶에 개입하신 하나님께 묵상하고 기념하는 시간을 매일 갖도록 한다.

2) 하나님 나라를 위해 할 수 있는 것을 구체화하고 기도와 준비로 최선을 다하도록 한다.

제6주 헤세드를 기억하며

사무엘하 9:1–13

학습목표

1. 우리가 한 배려는 또 다른 누군가에게 이어진다는 사실을 알 수 있다.

KEYWORD **자비, 약속 이행, 은혜**

Ⅰ. 찬양과 기도

Ⅱ. 지난주 실천과제 나눔

Ⅲ. 복습문제 풀이

복습

1 하나님이 다윗에게 주신 약속은 무엇인가?(7:9–16)

a) 내가 네 이름을 위대하게 만들어 주리라

b) 내가 내 백성 이스라엘을 위해 한 곳을 정해 그를 심으리라

c) 너를 모든 원수에게서 벗어나 편히 쉬게 하리라

d) 네 수한이 차서 네 조상들과 함께 누울 때에 내가 네 몸에서 날 네 씨를 네 뒤에 세우리라

e) 다윗의 씨앗이 여호와를 위하여 집을 건축할 것이다

f) 나는 그[다윗의 씨앗]에게 아버지가 되고 그는 내게 아들이 되리라

g) 네 집과 네 나라가 내 앞에서 영원히 보전되고 네 왕위가 영원히 견고하리라

Ⅳ. 말씀 사무엘하 9:1-13을 다 함께 읽는다

9:1 다윗이 이르되 사울의 집에 아직도 남은 사람이 있느냐 내가 요나단으로 말미암아
그 사람에게 은총을 베풀리라 하니라 2 사울의 집에는 종 한 사람이 있으니 그의 이름
은 시바라 그를 다윗의 앞으로 부르매 왕이 그에게 말하되 네가 시바냐 하니 이르되
당신의 종이니이다 하니라 3 왕이 이르되 사울의 집에 아직도 남은 사람이 없느냐 내
가 그 사람에게 하나님의 은총을 베풀고자 하노라 하니 시바가 왕께 아뢰되 요나단의
아들 하나가 있는데 다리 저는 자니이다 하니라 4 왕이 그에게 말하되 그가 어디 있느
냐 하니 시바가 왕께 아뢰되 로드발 암미엘의 아들 마길의 집에 있나이다 하니라 5 다
윗 왕이 사람을 보내어 로드발 암미엘의 아들 마길의 집에서 그를 데려오니 6 사울의
손자 요나단의 아들 므비보셋이 다윗에게 나아와 그 앞에 엎드려 절하매 다윗이 이르
되 므비보셋이여 하니 그가 이르기를 보소서 당신의 종이니이다 7 다윗이 그에게 이르
되 무서워하지 말라 내가 반드시 네 아버지 요나단으로 말미암아 네게 은총을 베풀리
라 내가 네 할아버지 사울의 모든 밭을 다 네게 도로 주겠고 또 너는 항상 내 상에서
떡을 먹을지니라 하니 8 그가 절하여 이르되 이 종이 무엇이기에 왕께서 죽은 개 같은
나를 돌아보시나이까 하니라 9 왕이 사울의 시종 시바를 불러 그에게 이르되 사울과
그의 온 집에 속한 것은 내가 다 네 주인의 아들에게 주었노니 10 너와 네 아들들과 네
종들은 그를 위하여 땅을 갈고 거두어 네 주인의 아들에게 양식을 대주어 먹게 하라
그러나 네 주인의 아들 므비보셋은 항상 내 상에서 떡을 먹으리라 하니라 시바는 아들
이 열다섯 명이요 종이 스무 명이라 11 시바가 왕께 아뢰되 내 주 왕께서 모든 일을 종
에게 명령하신 대로 종이 준행하겠나이다 하니라 므비보셋은 왕자 중 하나처럼 왕의
상에서 먹으니라 12 므비보셋에게 어린 아들 하나가 있으니 이름은 미가더라 시바의
집에 사는 자마다 므비보셋의 종이 되니라 13 므비보셋이 항상 왕의 상에서 먹으므로
예루살렘에 사니라 그는 두 발을 다 절더라

건너뛴 장 내용 요약

8장- 다윗의 물질적 성공

말씀 돋보기(관찰)

1 다윗이 요나단과 언약을 회상하면서 사울 집안에서 찾은 남은 자는 누구인가?(9:3)

다리 저는 자, 므비보셋

다윗은 요나단과 언약을 회상하며 그의 집안에 은총을 베풀고자 했다(1절). 수소문 끝에 시바라는 사울 집안의 종을 만났고, 그를 통해 요나단에게 다리를 저는 장애인 아들이 남아 있다는 것을 알게 되었다(3절). 성경은 다윗이 순수한 동기에서 요나단과 약속을 이행하고자 그의 후손을 찾았음을 강조한다. 성경은 이 이야기에서 '자비/인애'(은총으로 번역)를 세 차례나 반복함으로써 이야기의 핵심이 다윗의 '헤세드'임을 강조한다(1, 3, 7절). 고대 근동에서는 이전 왕을 제거하고 왕이 된 사람은 선왕의 가족까지 몰살하는 것이 일반적이었다. 물론 다윗이 사울을 제거한 것은 아니지만, 새롭게 왕조를 시작한 다윗이 자신의 정권을 확립하기 위해 사울 집안 사람들을 몰살시킨다 해도 아무도 문제 삼지는 않았을 것이다. 이런 배경에서 다윗의 행동을 생각해 보면, 대단한 선처를 베풀고 있는 것이다. 견제할 생각이었다면 애초에 처형하는 쪽을 택했을 것이다.

2 다윗이 므비보셋에게 베푼 두 가지 자비는 무엇인가?(9:7)

a) 땅–경제적 혜택

b) 왕과의 식사–특권

첫째, 다윗은 할아버지 사울 왕이 소유했던 모든 땅을 므비보셋에게 주었다. 집안의 종 시바는 이 땅을 경영해 므비보셋이 부족함 없이 살 수 있도록 조치를 취했다.

둘째, 다윗은 므비보셋을 옆에 두어 항상 자신과 식사를 함께 하도록 했다. 이것은 대단한 배려였다. 작은 신체적 결함에도 성전에 들어가지 못하는 규례를 생각해 보면, 불구자의 몸으로 왕 앞에서 매일 식사를 한다는 것은 대단한 자비임을 알 수 있다.

3 다윗의 선처에 감동한 므비보셋은 어떻게 했는가?(9:8)

"도대체 제가 무엇이관대 죽은 개와 같은 저에게 이렇게 선처를 베푸십니까?" 라고 감사했다.

다윗의 선처에 감동한 므비보셋은 다윗 앞에 엎드리며, "도대체 제가 무엇이관대 죽은 개와 같은 저에게 이렇게 선처를 베푸십니까?"라고 감사했다. 나단을 통해 받은 하나님의 언약에 감동해 다윗이 고백한 말과 비슷하다. 또한 '죽은 개'는 다윗이 자신을 쫓던 사울의 목숨을 살려 준 후에 사울에게 자신을 낮출 때 사용했던 표현이다(삼상 24:14). 이제는 사울의 집안과 다윗의 위치가 바뀌었다.

4 므비보셋의 어린 아들은 누구이며, 성경이 므비보셋의 아들을 밝히는 이유는 무엇인가?(9:12)

미가, 대를 이을 수 있었다.

성경은 므비보셋에게 미가라는 아들이 있다고 밝힌다. 사무엘상이 끝나갈 무렵 사울 집안은 전멸하다시피 한다. 이 상황에서 저자는 다행히 사울 집안이 요나단–므비보셋–미가를 통해 대를 이어간다는 사실을 밝히고자 한다. 다윗이 요나단과의 약속을 지켜 므비보셋 집안이 대를 이을 수 있도록 일조했다는 것이다.

5 이야기를 마무리하면서 므비보셋이 두 발을 다 절었다는 말은 무엇을 상징하는가?(9:13)

다윗 정권에 대해 어떠한 야심도 품을 수 없는 상황이었음을 상징

'그는 두 발을 다 절었다'라는 말은 므비보셋이 다윗 정권에 대해 어떠한 야심도 품을 수 없는 상황이었음을 설명하는 듯하다. 이스라엘 왕권을

넘볼 만한 자가 사울 집안에는 아무도 없었음을 상징하는 것이다. 또한 다윗이 므비보셋에게 베푼 자비가 얼마나 큰 것인지 강조하기도 한다. 그는 도저히 왕의 식탁에 앉아서 먹을 수 없는 사람을 자기 옆에 두고 자비를 베풀었다. 사울 집안은 어느덧 다윗이 베푸는 자비를 의지하며 살아가야 하는 신세가 되었다.

VI. 적용과 나눔

삶의 내비게이션(적용)

1 다윗은 므비보셋에게 대단한 배려를 보여준다. 당신이 경험한 가장 기억에 남는 배려나 은혜를 베푼 사람은 누구였는가?

관찰문제 2번 참고. 작은 신체적 결함에도 성전에 들어가지 못하는 규례를 생각해 보면 불구자의 몸으로 왕 앞에서 매일 식사를 한다는 것은 대단한 자비임을 알 수 있다. 다윗은 므비보셋을 친자식처럼 대하고 있다. 다윗은 진정으로 요나단을 생각하며 당시의 관례를 초월해 친구의 아들에게 선처를 베풀었다. 각자 경험한 기억에 남는 배려에는 무엇이 있는지 서로 이야기를 나누어 보도록 한다. 또 은혜를 베푼 사람은 누구였는지도 말해 보도록 한다. 부모님, 선생님, 목사님 등 그리스도인에 국한하지 말고 다양한 분야에서 이야기를 하도록 한다. 인도자는 각자가 베푼 은혜 혹은 받은 은혜에 대해 이야기해 보도록 한다. 만일 특별히 기억되는 것이 없다면 각자 들은 은혜에 대해서도 말해 보도록 한다.

2 다윗은 오래전 요나단과 약속을 잊지 않고 실행한다. 당신이 잊지 않고 실행해야 하는 약속은 무엇이 있는가?

관찰문제 1번 참고. 고대 근동의 관습에 의하면 새로운 왕조를 시작하려면 정권의 확립을 위해서 선왕의 가족을 다 몰살시켰다. 그러나 다윗은 요나단과 약속을 잊지 않고 실행한다. 성경의 인애와 자비는 세상의 관습과 관행을 앞서는 것으로 이것이 곧 하나님 뜻이다. 각자 잊지 않고 실행해야 하는 약속은 무엇이 있는가 이야기를 나누어 보도록 한다.

예) 하나님과 약속– 서원

부모 자녀 간의 약속

결혼 서약– 아플 때나 슬플 때나 검은 머리가 파뿌리가 되도록

비밀 서약– 성경 공부 시간에 나온 비밀을 지켜주기

3 므비보셋은 장애를 가지고 있지만 왕의 식탁에서 함께 식사를 했다. 주변에 당신의 자비가 필요한 사람이 있는가?

관찰문제 2번 참고. 므비보셋이 왕의 식탁에서 식사를 할 수 있었던 것은 다윗과 요나단의 우정과 언약 때문이었다. 우리가 받은 은혜는 때로 전 세대(부모님 세대)에 심은 씨앗의 열매일 수 있다. 또 오늘 우리가 심은 씨앗은 다음 세대(자녀 세대)에 꽃과 열매로 드러날 것이다. 각자 주변에 당신의 자비가 필요한 사람이 있는가 이야기를 나누어 보고, 어떻게 자비를 베풀 것인가도 서로 말해 보도록 한다.

Ⅶ. 마무리

기도로 마무리한다.
제7주 관찰문제를 예습해 오도록 한다.
실천과제를 제시한다.

생활의 아로마(실천)

예 1) 함부로 약속하지 않도록 한다.

– 미리 약속 확인하기

– 지키지 못할 약속은 하지 말기

– 약속 남발하지 말기

제7주 죄의 눈덩이 효과

사무엘하 11:1–21

학습목표

1. 죄는 더 많은 죄를 유발한다는 사실을 알 수 있다.

KEYWORD **유혹, 직무 유기, 합리화**

Ⅰ. 찬양과 기도

Ⅱ. 지난주 실천과제 나눔

Ⅲ. 복습문제 풀이

복습

1 다윗이 므비보셋에게 베푼 두 가지 자비는 무엇인가?(9:7)

a) 땅–경제적 혜택

b) 왕과의 식사–특권

Ⅳ. 말씀 사무엘하 11:1–21을 다 함께 읽는다

11:1 그 해가 돌아와 왕들이 출전할 때가 되매 다윗이 요압과 그에게 있는 그의 부하들
과 온 이스라엘 군대를 보내니 그들이 암몬 자손을 멸하고 랍바를 에워쌌고 다윗은 예

루살렘에 그대로 있더라 [2] 저녁 때에 다윗이 그의 침상에서 일어나 왕궁 옥상에서 거
닐다가 그 곳에서 보니 한 여인이 목욕을 하는데 심히 아름다워 보이는지라 [3] 다윗이
사람을 보내 그 여인을 알아보게 하였더니 그가 아뢰되 그는 엘리암의 딸이요 헷 사
람 우리아의 아내 밧세바가 아니니이까 하니 [4] 다윗이 전령을 보내어 그 여자를 자기
에게로 데려오게 하고 그 여자가 그 부정함을 깨끗하게 하였으므로 더불어 동침하매
그 여자가 자기 집으로 돌아가니라 [5] 그 여인이 임신하매 사람을 보내 다윗에게 말하
여 이르되 내가 임신하였나이다 하니라 [6] 다윗이 요압에게 기별하여 헷 사람 우리아
를 내게 보내라 하매 요압이 우리아를 다윗에게로 보내니 [7] 우리아가 다윗에게 이르매
다윗이 요압의 안부와 군사의 안부와 싸움이 어떠했는지를 묻고 [8] 그가 또 우리아에
게 이르되 네 집으로 내려가서 발을 씻으라 하니 우리아가 왕궁에서 나가매 왕의 음식
물이 뒤따라 가니라 [9] 그러나 우리아는 집으로 내려가지 아니하고 왕궁 문에서 그의
주의 모든 부하들과 더불어 잔지라 [10] 어떤 사람이 다윗에게 아뢰되 우리아가 그의 집
으로 내려가지 아니하였나이다 다윗이 우리아에게 이르되 네가 길 갔다가 돌아온 것
이 아니냐 어찌하여 네 집으로 내려가지 아니하였느냐 하니 [11] 우리아가 다윗에게 아
뢰되 언약궤와 이스라엘과 유다가 야영 중에 있고 내 주 요압과 내 왕의 부하들이 바
깥 들에 진 치고 있거늘 내가 어찌 내 집으로 가서 먹고 마시고 내 처와 같이 자리이
까 내가 이 일을 행하지 아니하기로 왕의 살아 계심과 왕의 혼의 살아 계심을 두고 맹
세하나이다 하니라 [12] 다윗이 우리아에게 이르되 오늘도 여기 있으라 내일은 내가 너
를 보내리라 우리아가 그 날에 예루살렘에 머무니라 이튿날 [13] 다윗이 그를 불러서 그
로 그 앞에서 먹고 마시고 취하게 하니 저녁 때에 그가 나가서 그의 주의 부하들과 더
불어 침상에 눕고 그의 집으로 내려가지 아니하니라 [14] 아침이 되매 다윗이 편지를 써
서 우리아의 손에 들려 요압에게 보내니 [15] 그 편지에 써서 이르기를 너희가 우리아를
맹렬한 싸움에 앞세워 두고 너희는 뒤로 물러가서 그로 맞아 죽게 하라 하였더라 [16]
요압이 그 성을 살펴 용사들이 있는 것을 아는 그 곳에 우리아를 두니 [17] 그 성 사람들
이 나와서 요압과 더불어 싸울 때에 다윗의 부하 중 몇 사람이 엎드러지고 헷 사람 우
리아도 죽으니라 [18] 요압이 사람을 보내 그 전쟁의 모든 일을 다윗에게 보고할새 [19] 그
전령에게 명령하여 이르되 전쟁의 모든 일을 네가 왕께 보고하기를 마친 후에 [20] 혹시
왕이 노하여 네게 말씀하기를 너희가 어찌하여 성에 그처럼 가까이 가서 싸웠느냐 그
들이 성 위에서 쏠 줄을 알지 못하였느냐 [21] 여룹베셋의 아들 아비멜렉을 쳐죽인 자가
누구냐 여인 하나가 성에서 맷돌 위짝을 그 위에 던지매 그가 데벳스에서 죽지 아니하

였느냐 어찌하여 성에 가까이 갔더냐 하시거든 네가 말하기를 왕의 종 헷 사람 우리아도 죽었나이다 하라

〈다윗의 타락 과정〉

* 삼하 5–10장: 다윗의 공적인 모습

* 삼하 11장: 다윗의 범죄

* 삼하 12장: 다윗의 저주받은 삶(하나님의 심판과 징계 아래 고통당하며 괴로워하는 다윗)

건너 뛴 장 내용 요약

10장– 암몬과의 전쟁

V. 관찰문제의 바른 답

말씀 돋보기(관찰)

1 왕들이 출전할 때가 되었을 때 다윗은 어디에 있었는가?(11:1)

왕궁

전쟁의 계절인 봄이 오자 이스라엘은 암몬과 싸워야 했다. 팔레스타인의 전쟁은 주로 봄에 치러졌다. 특히 춘분을 전후로 많은 전쟁이 벌어졌다. 겨울 동안 내리던 비가 그치고, 아직 남자들이 들에 나가서 곡식(밀, 보리)을 수확할 때가 되지 않았기에 이때가 전쟁의 적기였다(cf. 왕상12:24; 20:22,26; 대하 36:10). 또한 겨우내 내리던 비가 멈췄기 때문에 도로 사정이 좋아져 군량미와 전쟁에 동원된 짐승들(주로 말)의 먹이를 운반하는데 큰 문제가 없었기 때문이다. 온 이스라엘이 전쟁에 나간 뒤 다윗은 예루살렘에서 무료한 시간을 보내고 있었다. 성경은 '왕들이 전쟁을 하러 출전하는 봄에'라는 말로 이야기를 시작함으로써 이스라엘의 왕인 다윗이 전쟁에 나가지 않은 것은 직무 유기라는 것을 드러낸다.

2 다윗이 저녁에 왕궁 옥상에서 본 여인은 누구이며, 무엇을 하고 있었는가?(11:2-3)

밧세바, 목욕

다윗이 하루는 낮잠을 자고 나서 해가 저물어 가는 저녁에 왕궁 옥상을 거닐다가 한 아름다운 여인이 목욕하는 모습을 보았다. 그녀는 '엘리암의 딸, 우리아의 아내 밧세바'였다. 사무엘하 23:34에 의하면 엘리암은 상당한 권력과 용맹을 지닌 다윗의 용장이었다. 우리아는 이스라엘 사람은 아니었지만, 이스라엘 공동체에 융화된 이방인이고, 다윗의 용장 30명 목록에 올라갈 정도로 대단히 용맹스러운 군인이었다(23:39). 밧세바가 자신의 충성스러운 군인 우리아의 아내라는 것을 알면서도 다윗은 즉시 종을 보내 그녀를 취했다.

3 밧세바가 다윗의 아이를 임신했다는 증거는 무엇인가?(11:4)

월경 후 정결 의식을 행했기 때문에

성경은 밧세바가 다윗을 처음 만났을 때 월경으로부터 자신을 정결하게 하기 위해 목욕을 하고 있었다고 한다(4절). 그러므로 다윗이 밧세바가 임신한 아이의 아버지라는 데 의심의 여지가 없다. 게다가 밧세바의 남편 우리아는 전쟁터에 나가 있는 상황이다. 사무엘은 오래전에 이스라엘이 왕을 원할 때 왕은 백성에게서 끊임없이 '빼앗을 것'을 경고한 적이 있다(삼상 8:11-18). 그동안 성경은 다윗이 소유한 모든 것이 주어진 것임을 누누이 강조해 왔다. 그러나 그는 어느덧 취하는 왕이 되어 있다.

4 죄를 은폐하려는 다윗의 첫 번째 방법은 무엇이며, 실패한 이유는 무엇인가?(11:8-11)

우리아를 불러들여 우리아의 아이로 만들려 했다.
우리아의 충성심 때문이다.

다윗의 계획은 전쟁터에 나가 있는 우리아를 불러들여 선심 쓰는 척하며

집으로 보내 밧세바와 관계를 갖게 한 다음 이미 자기로 인해 밧세바가 임신한 아이를 마치 우리아의 아이인 것처럼 가장하려는 것이었다. 그런데 우리아가 다윗의 계획대로 움직여주지 않았다. 우리아는 집에 가지 않고 '그의 주[다윗]의 모든 종들'과 함께 잤다(9절). 우리아에게 술을 먹여 보았지만 실패했다. 술 취한 우리아가 정신이 멀쩡한 다윗보다 더 경건하게 행동하고 있다. 성경은 다윗을 향한 우리아의 충성과 다윗의 흉악함을 대조하는 방법으로 우리아가 '헷 사람'이라는 사실을 7 차례나 언급하고 있다.

* 우리아: 헷 사람(이방인), 여호와 종교로 개종한 신실한 이방인
다윗의 용장 30명 목록에 올라갈 정도로 대단히 용맹스러운 군인(삼하 23:39)

5 다윗이 사용한 두 번째 방법은 무엇이며, 이를 통해 알 수 있는 것은 무엇인가?(11:15)

우리아를 위험한 전투에 보내 죽게 했다.
죄는 숨기려고 하면 더 많은 죄를 짓게 된다.

첫 번째 방법에 실패한 다윗은 전쟁을 빙자하여 우리아를 죽이기로 결단을 내렸다. 다윗은 요압에게 우리아를 죽이라는 음모를 꾸민 편지를 써서, 그 편지를 다름 아닌 우리아에게 가져가도록 했다(14-15절). 우리아는 자신도 모르는 사이에 사형 집행문을 가지고 형장으로 향하고 있다. 다윗이 요압에게 지시한 계략은 간단했다. 먼저 우리아를 포함한 전투부대를 제일 위험한 곳에 투입하고, 기회를 봐서 우리아만 남기고 나머지는 철수하는 것이었다(15절). 그렇게 되면 우리아가 전투를 하다가 적의 칼에 죽은 것으로 위장할 수 있기 때문이다.

다윗의 범죄는 몇 가지 교훈을 준다.

첫째, 죄를 통해 느끼는 희열은 영원하지 않다. 다윗은 잠시의 쾌락에 대해 엄청난 대가를 치른다.

둘째, 죄를 합리화하거나 숨기려는 노력은 더 많은 죄를 짓게 한다. 다윗은 처음 죄(간음)를 감추려다 살인까지 했다.

셋째, 죄는 순간적으로 우리를 실제적 무신론자로 만든다. 실제적 무신론자는 입으로는 하나님을 믿고 사랑한다고 고백하지만, 삶에서는 마치 무신론자처럼 결정하고 행동하는 사람들이다.

VI. 적용과 나눔

 삶의 내비게이션(적용)

1 군대를 이끌고 전쟁터로 나가야 할 다윗이 예루살렘에 남아 왕의 의무를 등한시한 것이 문제의 발단이 되었다. 당신이 과거에 업무/일을 회피한 것은 무엇이 있었는가? 그리고 그 시간에 무엇을 했는가?

관찰문제 1번 참고. 성경은 '왕들이 출전할 때가 되어'라는 말씀으로 다윗의 업무 회피를 말하고 있다. 각자 경험한 업무 회피에는 무엇이 있는가 이야기를 나누어 보도록 한다. 학생은 수업 시간을 빼먹고 떡볶이를 먹으러 가고, 직장인은 업무 시간에 외근을 나와 사우나를 할 수도 있다. 집에는 출장을 간다고 말하고 친구들과 여행을 갈 수도 있다. 각자 이야기를 나누어 보도록 한다.

2 성경은 다윗보다 우리아를 더 신실한 사람으로 표현하고 있다. 당신이 알고 있는 그리스도인보다 더 신실한 예수를 믿지 않는 주변 사람은 누구인가?

관찰문제 4번 참고. 성경은 다윗을 향한 우리아의 충성과 다윗의 흉악함을 대조하는 방법으로 우리아가 '헷 사람'이라는 사실을 7 차례나 강조하고 있다. 우리는 '법 없이도 살 수 있는 사람'이라는 말로 그 사람이 청렴결백하고 주변 사람에게 칭찬받는 사람이라는 것을 말한다. 각자 알고 있는 그리스도인보다 더 신실한 사람에 대해 이야기를 나누어 보도록 한다. 그리스도인이라면 당연히 지켜야 할 것이지만 예수님을 믿지 않는데도 너무도 신실한 사람들에 대해 서로 나누어 보도록 한다. 그리고 그들을 통해 그리스도인으로 깨달은 것, 배운 것, 실천해야 하는 것에 대해서도 서로 피드백을 나누도록 한다.

3 다윗은 죄의 유혹을 이기지 못하고 죄를 범한다. 당신이 죄의 유혹을 이기는 당신만의 방법은 무엇인가?

관찰문제 2번 참고. 다윗이 유혹을 이기지 못한 것이지만, 밧세바가 굳이 왕이 지나가는 그 시간 그곳에서 왕이 볼 수 있도록 목욕을 해서 유혹했다고도 생각할 수 있다. 우리는 유혹에 빠졌다고 하지만 그 상황에 자신을 가져다 놓는 것이 문제다. 그리스도인은 유혹이 될만한 이슈들을 원천 봉쇄하고, 아예 상종하지 않는 것이 바람직하다. 각자 죄의 유혹을 이기는 자신만의 방법에 대해 이야기를 나누어 보도록 한다.

Ⅶ. 마무리

기도로 마무리한다.
제8주 관찰문제를 예습해 오도록 한다.
실천과제를 제시한다.

생활의 아로마(실천)

예 1) 경건 실천의 가장 좋은 방법으로 유혹이 될만한 이슈들을 거부하도록 한다.

– 히 12:1

이러므로 우리에게 구름 같이 둘러싼 허다한 증인들이 있으니 모든 무거운 것과 얽매이기 쉬운 죄를 벗어 버리고 인내로써 우리 앞에 당한 경주를 하며

제8주 책임회피의 결과

사무엘하 13:23-39

학습목표

1. 책임회피는 더 큰 아픔과 희생을 동반함을 알 수 있다.

KEYWORD **동상이몽, 복수, 책임 회피**

Ⅰ. 찬양과 기도

Ⅱ. 지난주 실천과제 나눔

Ⅲ. 복습문제 풀이

복습

1 다윗이 사용한 두 번째 방법은 무엇이며, 이를 통해 알 수 있는 것은 무엇인가?(11:15)

우리아를 위험한 전투에 보내 죽게 했다.
죄는 숨기려고 하면 더 많은 죄를 짓게 된다.

Ⅳ. 말씀 사무엘하 13:23-39을 다 함께 읽는다

13:23 만 이 년 후에 에브라임 곁 바알하솔에서 압살롬이 양 털을 깎는 일이 있으매 압

살롬이 왕의 모든 아들을 청하고 24 압살롬이 왕께 나아가 말하되 이제 종에게 양 털
깎는 일이 있사오니 청하건대 왕은 신하들을 데리시고 당신의 종과 함께 가사이다 하
니 25 왕이 압살롬에게 이르되 아니라 내 아들아 이제 우리가 다 갈 것 없다 네게 누를
끼칠까 하노라 하니라 압살롬이 그에게 간청하였으나 그가 가지 아니하고 그에게 복
을 비는지라 26 압살롬이 이르되 그렇게 하지 아니하시려거든 청하건대 내 형 암논이
우리와 함께 가게 하옵소서 왕이 그에게 이르되 그가 너와 함께 갈 것이 무엇이냐 하
되 27 압살롬이 간청하매 왕이 암논과 왕의 모든 아들을 그와 함께 그에게 보내니라 28
압살롬이 이미 그의 종들에게 명령하여 이르기를 너희는 이제 암논의 마음이 술로 즐
거워할 때를 자세히 보다가 내가 너희에게 암논을 치라 하거든 그를 죽이라 두려워하
지 말라 내가 너희에게 명령한 것이 아니냐 너희는 담대히 용기를 내라 한지라 29 압
살롬의 종들이 압살롬의 명령대로 암논에게 행하매 왕의 모든 아들들이 일어나 각기
노새를 타고 도망하니라 30 그들이 길에 있을 때에 압살롬이 왕의 모든 아들들을 죽
이고 하나도 남기지 아니하였다는 소문이 다윗에게 이르매 31 왕이 곧 일어나서 자기
의 옷을 찢고 땅에 드러눕고 그의 신하들도 다 옷을 찢고 모셔 선지라 32 다윗의 형 시
므아의 아들 요나답이 아뢰어 이르되 내 주여 젊은 왕자들이 다 죽임을 당한 줄로 생
각하지 마옵소서 오직 암논만 죽었으리이다 그가 압살롬의 누이 다말을 욕되게 한 날
부터 압살롬이 결심한 것이니이다 33 그러하온즉 내 주 왕이여 왕자들이 다 죽은 줄로
생각하여 상심하지 마옵소서 오직 암논만 죽었으리이다 하니라 34 이에 압살롬은 도
망하니라 파수하는 청년이 눈을 들어 보니 보아라 뒷산 언덕길로 여러 사람이 오는도
다 35 요나답이 왕께 아뢰되 보소서 왕자들이 오나이다 당신의 종이 말한 대로 되었나
이다 하고 36 말을 마치자 왕자들이 이르러 소리를 높여 통곡하니 왕과 그의 모든 신
하들도 심히 통곡하니라 37 압살롬은 도망하여 그술 왕 암미훌의 아들 달매에게로 갔
고 다윗은 날마다 그의 아들로 말미암아 슬퍼하니라 38 압살롬이 도망하여 그술로 가
서 거기에 산 지 삼 년이라 39 다윗 왕의 마음이 압살롬을 향하여 간절하니 암논은 이
미 죽었으므로 왕이 위로를 받았음이더라

건너 뛴 장 내용 요약

12장– 밧세바가 낳은 아이의 죽음과 또 다른 아이 솔로몬의 탄생

말씀 돋보기(관찰)

1 압살롬이 양털을 깎으러 가면서 다윗과 모든 왕자를 초청했을 때 거절되자 간청한 것은 무엇인가?(13:24-26)

암논이 꼭 함께 가는 것

압살롬은 바알하솔이라는 곳에서 양털 깎는 것을 자축하며 모든 왕자와 다윗을 청했다(23-24절). 근동에서 양털을 깎거나 추수하는 날은 큰 잔치를 여는 뜻 깊은 날이었다. 초대를 받은 다윗은 아들들이 모이는데 아버지가 함께 가는 것이 분위기상 좋지 않다는 사실을 알았을 뿐만 아니라 내키지도 않아 극구 사양했다. 압살롬은 다윗의 형편이 정 그렇다면 아버지를 대신해서 장자인 암논이라도 꼭 가게 해 달라고 부탁했다.

2 암논을 초청한 압살롬의 계획은 무엇이며, 무슨 이유 때문인가? (13:28)

암논 살해

다말의 강간과 다윗의 직무 유기

다윗이 암논을 보낸 것은 압살롬이 암논과 화해하려는 것으로 이해했다. 그러나 압살롬은 친여동생 다말을 강간한 이복형 암논을 2년 동안 살해할 준비를 하고 있었다. 그래서 압살롬은 잔치를 베풀 준비뿐만 아니라 암논을 살해할 만반의 준비를 했다. 자신의 신호에 따라 민첩하게 움직여 그를 살해할 저격수들을 잔치 장소 주변에 매복시켜 놓은 것이다. 물론 이 일에 대한 모든 책임은 본인이 지겠다는 것도 밝혀 두었다. 압살롬은 아버지 다윗을 여동생의 원수 갚음에 이용하고 있다. 또한 압살롬은 속임수를 써서 암논을 자신이 원하는 곳으로 유인했다. 이 사건은 자식의 잘못을 보고도 징계하지 않은 아버지 다윗의 직무 유기 때문이기도 하다.

3 왕의 모든 아들이 죽고 하나도 남지 않았다는 소문에 다윗을 찾아온 요나답의 판단은 무엇인가?(13:32)

암논만 죽었다.

연회에 참석했던 모든 왕자가 자신의 목숨을 구하기 위해 도망하기 시작했을 때, 정확하지 않은 소식이 다윗의 궁에 전해졌다. 모든 왕자가 살해되었다는 소식이었다. 다윗은 옷을 찢고 땅에 누워 버렸다. 극도의 슬픔을 표현하는 방법이다. 어찌할 바를 몰라하는 다윗을 위로하러 다윗의 조카 요나답이 찾아왔다. 요나답은 암논이 다말을 강간할 수 있는 여건을 만들어준 사람이다(삼하 13:3). 그가 이제 암논의 죽음에 대한 증인으로 등장한다. 요나답의 통찰은 정확했다. 그는 이번 일이 단순히 압살롬과 암논 사이의 해결되지 않은 문제를 정리하는 것이기에 다른 왕자들은 무사하리라는 것과 압살롬은 지난 2년 동안 이날을 벼르고 있었음을 전해 준다. 요나답은 지나치게 지혜롭고 지혜롭다 못해 교활한 사람으로 은사를 잘못 사용하고 있는 대표적인 예이다.

4 암논을 죽인 압살롬이 도피한 곳은 어디인가?(13:37)

그술 왕 달매

Tip

압살롬은 그술 왕 암미훌의 아들 달매를 찾아갔다. 압살롬의 어머니 마가는 그술 왕 달매의 딸이었으므로(삼하 3:3) 외할아버지를 찾아간 것이다. 그술은 갈릴리 호수 동쪽에 위치한 나라로, 예루살렘에서 약 130km 떨어진 곳에 있었다.

5 3년 후 다윗의 마음에는 어떤 변화가 있었는가?(13:39)

미움이 그리움으로

Tip

3년이라는 시간이 흐르자 암논의 죽음으로 다윗을 엄습했던 심적 고통과 아픔도 누그러지기 시작했다. 다윗은 돌이킬 수 없는 일, 곧 암논의 죽음은 과거 속으로 묻어 두기로 결정했다. 그러고 나니 압살롬에 대한 미움이 그리움으로 변하기 시작했다. 날이 갈수록 압살롬을 보고 싶은 다윗의 마음이 간절해졌다(39절).

압살롬에 대한 다윗의 연민에는 두 가지 이유가 작용한 것 같다.

첫째, 자식에 대한 사랑이다. 이 세상에서 그 누구에게도 환영받지 못하는 흉악 범죄자라도 부모에게는 사랑스러운 자식이다.

둘째, 암논이 죽은 뒤 그다음으로 나이가 많은 압살롬이 다윗의 뒤를 이어 왕이 될 가능성이 커졌다. 그러므로 왕권의 대를 누가 이을 것인가를 고심하던 다윗에게 압살롬이 유력한 대안으로 떠오른 것이다.

VI. 적용과 나눔

삶의 내비게이션(적용)

1 다윗은 모든 왕자가 죽었다는 소문에 옷을 찢고 땅에 누워 버렸다. 과거에 당신이 들은 과장된 소문에는 무엇이 있었는가?

관찰문제 3번 참고. 모든 왕자가 죽었다는 과장된 소문은 다윗을 땅에 눕게 했다. 때로는 아니땐 굴뚝에서도 연기가 나는 세상이 되었다. 수많은 정보와 소문 속에서 자신을 지키는 것이 어려운 세상이 되었다. 각자 과거에 들은 과장된 소문은 무엇이 있었는지 이야기를 나누어 보도록 한다. 전쟁에 관한 이야기, 종말에 관한 이야기, 이웃에 관한 이야기, 교회에 관한 이야기 등 다양한 주제의 이야기를 나눌 수 있다.

2 요나답은 정확한 상황 판단과 통찰력 같은 좋은 은사를 갖고 있으나 효과적으로 사용하지 못하고 있다. 당신이나 주변 사람 중에 좋은 은사를 사용하지 않거나 엉뚱한데 사용하는 것은 무엇이 있는가?

관찰문제 3번 참고. 요나답은 다윗의 조카이자 암논에게 다말을 가까이해 강간케 했던 사람이다.

요나답은 압살롬의 마음을 정확하게 읽고 있으며, 모든 죄악의 결과에 대해 정확하게 예측하고 조언하는 교활한 사람이다. 한마디로 좋은 은사를 잘못 사용한 경우이다. 각자가 가지고 있는 은사에 대해 이야기를 나누어 보도록 한다. 그 은사를 잘 사용하고 있는지, 혹은 사용하지 못하는지 말해 보고, 그 이유에 대해서도 서로 말하도록 한다. 그리고 엉뚱한데 사용한 것은 무엇이 있는지에 대해서도 말해 보도록 한다. 본인의 이야기가 어렵다면 주변 사람의 이야기를 하는 것도 가능하다. 다만 주변 사람의 이야기일 경우 너무 오래 말하지 않도록 인도자는 돕는다.

* 은사

롬 12장– 예언, 섬기는 일, 가르치는 일, 위로하는 일, 구제하는 일, 다스리는 일, 긍휼을 베푸는 일

고전 12장– 지혜의 말씀, 지식의 말씀, 믿음, 병 고치는 은사, 능력 행함, 예언, 영 분별, 방언, 통역

엡 4장– 사도, 선지자, 복음 전하는 자, 목사, 교사

3 13장의 비극적인 이야기는 아버지 다윗의 직무 유기로 시작되었다. 당신이 부모로서/자녀로서 다하지 못하는 책임은 무엇인가?

관찰문제 2번, 5번 참고. 다윗은 자신의 집안에 문제가 있다는 것을 알았을 것이다. 그러나 이 정도로 심각하리라고는 상상도 못했을 것이다. 이 사건은 다윗이 아버지의 역할을 잘 감당하지 않은데서 비롯되었다. 그가 암논을 징계했다면 이런 일은 없었을 것이다. 우리의 가정도 문제가 있다는 것을 알고 있다. 그러나 다윗처럼 이 정도로 심각하리라고는 상상하지 못할 수도 있다. 각자가 부모로서 또는 자녀로서 책임을 다하지 못하는 것에 대해 이야기를 나누어 보도록 한다. 부모만의 문제도 아니고, 자녀만의 문제도 아니다. 각자의 역할을 잘 감당할 때 화목한 가정이 될 수 있다. 각자 책임을 다하기 위해 필요한 것은 무엇인지에 대해서도 말해 보도록 한다.

Ⅶ. 마무리

기도로 마무리한다.
제9주 관찰문제를 예습해 오도록 한다.

실천과제를 제시한다.

생활의 아로마(실천)

예 1) 맡은 가족의 역할(부모, 자녀)에 책임을 다하도록 한다.
2) 주어진 은사를 개발하고 타인을 섬기는데 사용하도록 한다.

제9주 올 것이 왔다

사무엘하 15:13-26

학습목표

1. 신앙의 성숙은 사람을 변화시킴을 알 수 있다.

KEYWORD **죄의 열매, 지지, 성숙**

Ⅰ. 찬양과 기도

Ⅱ. 지난주 실천과제 나눔

Ⅲ. 복습문제 풀이

복습

1 암논을 초청한 압살롬의 계획은 무엇이며 무슨 이유 때문인가? (13:28)

암논 살해

다말의 강간과 다윗의 직무 유기

Ⅳ. 말씀 사무엘하 15:13-26을 다 함께 읽는다

15:13 전령이 다윗에게 와서 말하되 이스라엘의 인심이 다 압살롬에게로 돌아갔나이다

한지라 [14] 다윗이 예루살렘에 함께 있는 그의 모든 신하들에게 이르되 일어나 도망하
자 그렇지 아니하면 우리 중 한 사람도 압살롬에게서 피하지 못하리라 빨리 가자 두렵
건대 그가 우리를 급히 따라와 우리를 해하고 칼날로 성읍을 칠까 하노라 [15] 왕의 신
하들이 왕께 이르되 우리 주 왕께서 하고자 하시는 대로 우리가 행하리이다 보소서 당
신의 종들이니이다 하더라 [16] 왕이 나갈 때에 그의 가족을 다 따르게 하고 후궁 열 명
을 왕이 남겨 두어 왕궁을 지키게 하니라 [17] 왕이 나가매 모든 백성이 다 따라서 벧메
르학에 이르러 멈추어 서니 [18] 그의 모든 신하들이 그의 곁으로 지나가고 모든 그렛
사람과 모든 블렛 사람과 및 왕을 따라 가드에서 온 모든 가드 사람 육백 명이 왕 앞
으로 행진하니라 [19] 그 때에 왕이 가드 사람 잇대에게 이르되 어찌하여 너도 우리와
함께 가느냐 너는 쫓겨난 나그네이니 돌아가서 왕과 함께 네 곳에 있으라 [20] 너는 어
제 왔고 나는 정처 없이 가니 오늘 어찌 너를 우리와 함께 떠돌아다니게 하리요 너도
돌아가고 네 동포들도 데려가라 은혜와 진리가 너와 함께 있기를 원하노라 하니라 [21]
잇대가 왕께 대답하여 이르되 여호와의 살아 계심과 내 주 왕의 살아 계심으로 맹세하
옵나니 진실로 내 주 왕께서 어느 곳에 계시든지 사나 죽으나 종도 그 곳에 있겠나이
다 하니 [22] 다윗이 잇대에게 이르되 앞서 건너가라 하매 가드 사람 잇대와 그의 수행
자들과 그와 함께 한 아이들이 다 건너가고 [23] 온 땅 사람이 큰 소리로 울며 모든 백성
이 앞서 건너가매 왕도 기드론 시내를 건너가니 건너간 모든 백성이 광야 길로 향하니
라 [24] 보라 사독과 그와 함께 한 모든 레위 사람도 하나님의 언약궤를 메어다가 하나
님의 궤를 내려놓고 아비아달도 올라와서 모든 백성이 성에서 나오기를 기다리도다 [25]
왕이 사독에게 이르되 보라 하나님의 궤를 성읍으로 도로 메어 가라 만일 내가 여호와
앞에서 은혜를 입으면 도로 나를 인도하사 내게 그 궤와 그 계신 데를 보이시리라 [26]
그러나 그가 이와 같이 말씀하시기를 내가 너를 기뻐하지 아니한다 하시면 종이 여기
있사오니 선히 여기시는 대로 내게 행하시옵소서 하리라

건너 뛴 장 내용 요약

14장– 압살롬이 다윗에게 돌아옴

말씀 돋보기(관찰)

1 압살롬의 반역 소식에 다윗은 어떻게 했는가?(15:13-14)

급히 예루살렘을 탈출했다.

압살롬의 반역 소식을 전해 들은 다윗은 겁에 질려 일단 몸을 피하고 위기를 모면해 대책을 찾으려는 의도에서 급히 예루살렘을 탈출했다. 압살롬은 그동안 사람들에게 다윗이 무기력하고 늙어 감에 따라 판단력도 흐려졌다는 여론을 조성해 왔다. 그러나 앞으로 펼쳐지는 다윗의 대책과 여러 가지 결정은 그의 판단력이 결코 노쇠하지 않았을 뿐 아니라 젊은 날의 민첩함과 능숙함도 그대로 지니고 있음을 보여준다.

나단은 밧세바를 범한 다윗에게 언젠가는 '그의 이웃'이 그의 아내들을 공개적으로 범하는 날이 올 것이라고 했다(삼하 12:11). 이제 그 죗값을 치를 때가 왔다. 다윗을 가장 힘들게 한 것은 '그의 이웃'이 바로 자신에게서 태어난 아들, 그것도 가장 총애하는 압살롬이었다는 사실이었을 것이다.

2 가드 사람 잇대를 보고 다윗이 지시한 것과 잇대의 반응은 무엇인가?(15:19-21)

돌아가서 압살롬을 왕으로 모시고 살라고 당부했다.

다윗 왕과 함께하겠다고 했다.

가드 사람 잇대는 무슨 이유에서인지 본국으로 돌아갈 수 없어 이스라엘에 머물게 된 이방인이었다. 잇대는 다윗의 소식을 듣고 600명의 군대를 이끌고 그를 찾아왔다(18절). 다윗은 그에게 이제 겨우 이스라엘에 정착하여 살게 되었으니, 정처없이 떠나는 자기를 따라나섰다가 어렵게 얻은 것을 잃지 말고, 돌아가서 압살롬을 왕으로 모시고 살라고 당부했다. 다윗은 여호와의 '은혜와 진실하심'으로 축복함으로써 결코 그를 원망하거나 서운하게 생각하지 않을 것을 확실히 밝혔다(20절). 아버지를 상대로 쿠데타를 일으킨 압살롬과 충성스러운 잇대는 극명한 대조를 이룬다.

3 예루살렘을 떠난 다윗 일행은 기드론 시내를 건널 때 어떠했으며, 어디로 갔는가?(15:23)

통곡하고 광야로 갔다.

다윗의 행렬이 기드론 시내를 건널 때 그곳은 울음바다가 되었다(23절). 아들에게 쫓기는 기구한 다윗의 운명을 슬퍼하는 온 땅 사람들의 통곡이었다. 기드론 시내는 예루살렘과 감람 산 사이에 위치한 곳이다. 이곳을 지나 곧장 가면 광야로 들어선다. 다윗의 행렬이 광야로 향하는 것은 상징적인 의미를 지니고 있다. 광야는 생명을 유지하기 어려운 곳이지만, 또한 하나님의 은혜를 체험하기에 가장 좋은 곳이기도 하다. 잇대의 발언은 룻이 자기를 따라오지 말고 돌아가서 잘 살라는 홀로된 시어머니 나오미의 말을 받아 하던 고백과 비슷하다(룻 1:16-17). 잇대의 고백은 다윗이 지금 나오미와 같이 미래에 대해 장담할 수 없는 처량한 신세지만 결코 망하지 않을 것이라는 소망을 갖게 한다.

4 기드론 시내를 건넌 다윗을 기다리고 있는 것은 무엇인가?(15:24)

법궤, 제사장과 레위 사람들

다윗 행렬이 기드론 시내를 건너 광야 쪽으로 가다 보니, 사독과 아비아달이 레위 사람들을 지휘하여 법궤를 메고 와서 그를 기다리고 있었다. 사독과 아비아달이 법궤를 메고 와서 다윗을 기다렸다는 사실은 당시 주요 지지자들이 종교인이었음을 암시한다. 종교인들이 위기에 처한 다윗을 격려하러 나온 것이다. 그들이 하나님의 인도하심에 따라 다윗에게 나왔다면, 이 전쟁은 분명 다윗의 승리로 끝날 것을 확신할 수 있다.

5 다윗이 하나님의 궤를 성읍으로 다시 메고 가라고 한 이유는 무엇인가?(15:25-26)

다시 하나님의 법궤 앞에 설 수 있는 긍휼을 바라는 것

Tip 그동안 다윗은 법궤를 이용해 자신의 정권의 종교적 정당성을 추구했다(6장). 그가 옛날의 마음 자세를 그대로 지니고 있었다면 법궤를 보는 순간 매우 기뻤을 것이다. 그러나 그의 신앙이 많이 성숙해졌다. 하나님의 법궤는 결코 재앙을 면하거나 불확실한 미래를 확실하게 하는데 사용하는 수단이 아님을 깨달은 것이다. 다윗은 언젠가 하나님이 자비를 베푸시면 자신이 다시 법궤로 나아갈지언정 법궤가 자신에게 와서는 안 된다고 생각했다. 그래서 다윗은 자신의 모든 것을 하나님께 맡기며 법궤를 다시 예루살렘으로 가져갈 것을 명령한다. 주께서 자비를 베푸시면 그가 다시 예루살렘으로 돌아와 법궤를 볼 날이 있을 것이라고 확신하면서 말이다.

Ⅵ. 적용과 나눔

삶의 내비게이션(적용)

1 다윗은 밧세바 사건의 죄의 대가를 치러야 하는 긴장감 속에 살았는데 드디어 그 순간이 온 것이다. 죄는 용서함을 받지만 대가는 반드시 치러야 한다. 당신이 마음을 졸이다가 대가를 치른 경험은 무엇이었는가?

관찰문제 1번 참고. 밧세바 사건 이후 나단 선지자가 말한 '그의 이웃'에 대한 긴장감이 다윗에게는 늘 자리하고 있었을 것이다. 드디어 그것이 그가 사랑하는 아들을 통해 성취되면서 다윗은 피난길을 떠나야 하는 죄의 대가를 치른다. 각자가 마음을 졸이다가 대가를 치른 경험에 대해 이야기를 나누어 보도록 한다. 십일조를 드리지 못했더니 병원비로 나가거나 도둑을 맞을 수 있다. 책 산다고 많은 돈을 달라고 했다가 부모님께 혼이 난 경험이 있을 수 있다. 학교에서 행사가 있다고 거짓말을 하고 놀러갔다가 집에 못 들어와 외출 금지라는 큰 대가를 치른 경험도 있을 수 있다. 그 외의 경험에 대해 이야기를 나누어 본다.

2 다윗이 곤경에 처했을 때 여러 사람이 나온 것을 보면 다윗의 인품을

알 수 있다. 당신이 곤경에 처했을 때 잇대와 같은 지지자가 몇 명이나 되는가? 또는 몇 명으로 예상하는가?

관찰문제 2번 참고. 사람은 곤경에 처하면 그 사람의 인품을 알 수 있다. 물론 아무리 인품이 좋아도 어려워지면 떠나는 것이 사람들이다. 친한 줄 알았던 친구도 떠나고, 찾아오던 친척도 발길을 끊는다. 그러나 다윗은 600명의 군사를 이끌고 찾아온 잇대를 보면서 참 감사했을 것이다. 각자가 어려울 때 자신을 지지해줄 사람은 누가 있는가 이야기를 나누어 보도록 한다. 과연 몇 명이나 되는지 예상하여 말해 보도록 한다.

3 다윗은 법궤를 정치적으로 이용하던 모습에서 자신의 모든 것을 여호와의 주권에 맡기고 법궤를 다시 예루살렘으로 가져갈 것을 명령하며, 신앙의 성숙된 모습을 보여준다. 당신이 최근에 신앙의 성숙도를 나타내는 모습은 무엇인가?

관찰문제 5번 참고. 법궤를 통해 다윗의 신앙이 성숙한 것을 볼 수 있듯이 당신의 신앙에도 성숙을 나타내는 것이 있을 것이다. 예를 들면 술을 마셨는데 이제는 안 마신다든지, 하나님의 기적과 이적을 바랐는데 이제는 하나님의 평안이 더 큰 은혜라는 것을 알았다든지, 예언하는 사람을 찾아다녔는데 하나님의 말씀 속에서 스스로 깨닫는 경우도 있다. 각자가 예전에 했는데 현재는 안 하는 것은 무엇이 있는지 이야기를 나누어 보도록 한다. 또한 예전에는 안 했는데 현재는 하는 것에 대해서도 말해 보도록 한다. 앞으로 성숙한 신앙인이 되기 위해 필요한 것에 대해서도 말해 보도록 한다. 신앙의 지지대는 때가 되면 없애야 한다. 신앙의 홀로서기를 해야 하기 때문이다.

Ⅶ. 마무리

기도로 마무리한다.
제10주 관찰문제를 예습해 오도록 한다.
실천과제를 제시한다.

생활의 아로마(실천)

예 1) 주변에 어렵고 힘든 사람들에게 지지한다고 표현하도록 한다.

2) 예전과 다른 신앙의 모습은 무엇인가 찾고, 하나님의 평안에 더 의지하는 한 주가 되도록 한다.

제10주 왕과 아버지 사이에서

사무엘하 18:1-15

학습목표

1. 왕과 아버지 사이에서 고민하는 다윗을 보면서 우리의 모습을 돌아볼 수 있다.

KEYWORD **신실, 충성, 부성**

Ⅰ. 찬양과 기도

Ⅱ. 지난주 실천과제 나눔

Ⅲ. 복습문제 풀이

복습

1 압살롬의 반역 소식에 다윗은 어떻게 했는가?(15:13-14)

급히 예루살렘을 탈출했다.

Ⅳ. 말씀 사무엘하 18:1-15을 다 함께 읽는다

18:1 이에 다윗이 그와 함께 한 백성을 찾아가서 천부장과 백부장을 그들 위에 세우고
2 다윗이 그의 백성을 내보낼새 삼분의 일은 요압의 휘하에, 삼분의 일은 스루야의 아

들 요압의 동생 아비새의 휘하에 넘기고 삼분의 일은 가드 사람 잇대의 휘하에 넘기고
왕이 백성에게 이르되 나도 반드시 너희와 함께 나가리라 하니 [3] 백성들이 이르되 왕
은 나가지 마소서 우리가 도망할지라도 그들은 우리에게 마음을 쓰지 아니할 터이요
우리가 절반이나 죽을지라도 우리에게 마음을 쓰지 아니할 터이라 왕은 우리 만 명보
다 중하시오니 왕은 성읍에 계시다가 우리를 도우심이 좋으니이다 하니라 [4] 왕이 그
들에게 이르되 너희가 좋게 여기는 대로 내가 행하리라 하고 문 곁에 왕이 서매 모든
백성이 백 명씩 천 명씩 대를 지어 나가는지라 [5] 왕이 요압과 아비새와 잇대에게 명령
하여 이르되 나를 위하여 젊은 압살롬을 너그러이 대우하라 하니 왕이 압살롬을 위하
여 모든 군지휘관에게 명령할 때에 백성들이 다 들으니라 [6] 이에 백성이 이스라엘을
치러 들로 나가서 에브라임 수풀에서 싸우더니 [7] 거기서 이스라엘 백성이 다윗의 부하
들에게 패하매 그 날 그 곳에서 전사자가 많아 이만 명에 이르렀고 [8] 그 땅에서 사면
으로 퍼져 싸웠으므로 그 날에 수풀에서 죽은 자가 칼에 죽은 자보다 많았더라 [9] 압살
롬이 다윗의 부하들과 마주치니라 압살롬이 노새를 탔는데 그 노새가 큰 상수리나무
번성한 가지 아래로 지날 때에 압살롬의 머리가 그 상수리나무에 걸리매 그가 공중과
그 땅 사이에 달리고 그가 탔던 노새는 그 아래로 빠져나간지라 [10] 한 사람이 보고 요
압에게 알려 이르되 내가 보니 압살롬이 상수리나무에 달렸더이다 하니 [11] 요압이 그
알린 사람에게 이르되 네가 보고 어찌하여 당장에 쳐서 땅에 떨어뜨리지 아니하였느
냐 내가 네게 은 열 개와 띠 하나를 주었으리라 하는지라 [12] 그 사람이 요압에게 대답
하되 내가 내 손에 은 천 개를 받는다 할지라도 나는 왕의 아들에게 손을 대지 아니하
겠나이다 우리가 들었거니와 왕이 당신과 아비새와 잇대에게 명령하여 이르시기를 삼
가 누구든지 젊은 압살롬을 해하지 말라 하셨나이다 [13] 아무 일도 왕 앞에는 숨길 수
없나니 내가 만일 거역하여 그의 생명을 해하였더라면 당신도 나를 대적하였으리이다
하니 [14] 요압이 이르되 나는 너와 같이 지체할 수 없다 하고 손에 작은 창 셋을 가지고
가서 상수리나무 가운데서 아직 살아 있는 압살롬의 심장을 찌르니 [15] 요압의 무기를
든 청년 열 명이 압살롬을 에워싸고 쳐죽이니라

건너뛴 장 내용 요약

16장, 17장– 압살롬의 반역과 죽음

말씀 돋보기(관찰)

1 다윗이 전쟁터로 나가겠다는 말을 들은 군사들의 반응은 무엇인가?(18:3)

다윗은 절대로 전쟁터에 모습을 드러내면 안 된다.

다윗은 자신도 나갈 것을 선언한다. 그러나 다윗이 전쟁터로 나가겠다는 말을 들은 군사들의 반응은 의외였다. 다윗은 절대로 전쟁터에 모습을 드러내면 안 된다는 것이다. 이 전쟁은 여느 때와 달리 특별히 우두머리를 표적으로 삼는 전쟁이다. 두목만 제거하면 끝나는 싸움인 것이다. 그러므로 압살롬의 군대는 다윗이 보이면 그를 표적으로 삼아 공격할 것이다. 이러한 정황에서 군사적으로 열쇠인 다윗이 출정하는 것은 패배를 자청하는 행위라고 할 수 있다. 그뿐만 아니라 군사들은 어느 지역에서 싸우더라도 함께 있는 늙은 왕에게 신경을 쓰지 않을 수가 없다. 그러므로 다윗이 전쟁터에 함께하는 것은 오히려 그들에게 부담이 될 수 있을 것이다. 전쟁터로 나가는 군사들은 "임금님은 우리들 만 명과 다름이 없으십니다"(3절, 새번역)라고 말했다. 만일 다윗이 제거된다면 이 군대는 더 이상 압살롬의 통치에 대항해 싸울 명분을 잃게 된다. 그러나 다윗이 살아 있다면 설령 자신들의 군대 중 만 명이 죽는다 해도 이들은 압살롬을 대항해 싸울 것이다. 이런 차원에서 다윗은 그들 만 명 보다 귀한 것이다. 다윗 병사들의 충성스러운 마음이 아름답다.

2 왕인 다윗이 아버지로서 세 장군에게 부탁한 것은 무엇인가?(18:5)

어린 압살롬을 너그럽게 대하라는 것

다윗은 군대를 이끌고 나가는 세 장군–요압, 아비새, 잇대–에게 마지막으로 부탁했다. "저 어린 압살롬을 너그럽게 대하여 주시오"(5절, 새번역). 비록 압살롬이 다윗의 생명을 노리는 경쟁자이자 정치적 적이지만,

그를 바라보는 다윗의 마음은 측은하기만 하다. 만일 아들도 살리고 자신도 죽지 않을 수 있다면 그는 분명히 그 길을 택했을 것이다. 그러나 다윗은 압살롬을 제거해야만 자신이 살 수 있는 절박한 상황에 처해 있다. 그래서 이미 장성한 아들 압살롬을 아무것도 모르는 '어린아이'(공동번역, '아직 철이 없으니'), 그저 철없이 부모에게 반항하는 청소년처럼 측은히 여기는 것이다. 이 순간 평생 수없이 많은 전쟁을 치렀던 용장 다윗보다 아버지 다윗이 앞선다.

3 에브라임 수풀에서의 전쟁의 결과는 무엇인가?(18:8)

칼에 맞아 죽은 자보다 숲 속에서 생명을 잃은 자가 더 많았다.

전쟁은 에브라임 숲에서 치열하게 펼쳐졌다. 에브라임 숲은 길르앗에 위치한 곳으로 사사 시대 때 입다가 에브라임을 물리친 이유로 붙여진 이름이다(삿 12:5). 성경은 그날 칼에 맞아 죽은 자보다 숲속에서 생명을 잃은 자가 더 많다고 기록한다(8절). 이것은 하나님이 자연을 통해 다윗을 도우셨다는 것을 강조한다. 결국 이 전쟁의 승리는 하나님이 이루신 것이다. 비록 하나님이 다윗을 처벌 대상으로 삼으셨고, 징계하고 계시지만, 한순간도 그를 버리시지는 않으신 것이다. 하나님은 택한 자녀를 결코 버리지 않는 분이시다. 책망하고 징계를 내리실지언정, 버리시지는 않는다.

4 다윗의 부하들과 마주친 압살롬은 어떤 상태였는가?(18:9)

압살롬은 머리가 나무에 걸려 '공중(하늘)과 땅 사이에' 매달려 있었다.

성경은 압살롬이 '공중(하늘)과 땅 사이에' 매달려 있다고 표현한다(9절). 그는 하늘과 땅 그 어느 쪽에도 속할 수 없는 '갈 곳 없는 사람'이 되어 버렸다. 한때 모든 사람의 선망의 대상이었던 압살롬의 머리가 이제는 그에게 죽음을 불러오는 도구가 되어 버렸다. 게다가 본문은 그가 나무에 '매달렸다'고 하는데, 율법에서 이 동사는 단 한 번, 나무에 매달린 사람은 저주를 받은 것이라고 선언할 때 사용된다(신 21:23). 성경은 압살롬의 죽음을 하나님의 저주가 임한 결과처럼 묘사한다. 또한 율법에 따르면, 아버지께 반역한 아들(출 20:12; 신 5:16; 21:18–21)과 아버지의 첩/아내와 동침하는 자는 모두 하나님의 심판을 받아야 한다고 한다(레 20:11). 이 두 가지 율법을 범한 압살롬은 하나님의 심판을 받은 것이다.

5 압살롬이 나무에 매달려 있다는 소식을 전해들은 요압은 어떻게 했는가?(18:14)

압살롬을 죽였다.

압살롬이 나무에 매달려 있다는 소식을 전해들은 요압은 그 병사에게 왜 그를 죽이지 않았냐고 물었다. 그러나 그 병사는 다윗이 세 장군에게 말하는 것을 들었기에 은 1,000개를 준다 해도 결코 압살롬을 죽이지 않았을 것이며, 또한 요압의 우호적인 발언을 믿을 수 없다는 것을 확실히 표현했다. 요압은 곧장 압살롬이 있는 곳으로 향해 뛰어가 가차없이 창으로 그의 심장을 뚫었다. 요압은 압살롬을 죽이기를 주저했던 군인과 다르다. 그는 평생 사람 죽이는 일을 쉽게 생각했던 사람이다.

Ⅵ. 적용과 나눔

삶의 내비게이션(적용)

1 왕으로서의 다윗과 아버지로서의 다윗이 갈등한다. 당신 혹은 당신의 부모님이 과거에 직분과 가족과의 관계 사이에서 고민한 경험이 있었는가?

관찰문제 3번 참고. 다윗과 압살롬의 전쟁은 아들과 아버지의 결전으로 둘 중 한 사람이 죽어야 끝나는 전쟁이었다. 그러나 다윗은 아버지로서 아들에게 너그럽게 대해 달라고 장군들에게 부탁한다. 왕으로서는 당연히 압살롬을 죽여야 했지만, 아버지로서는 그를 죽음으로 내몰 수 없었다. 각자 직분과 가족과의 관계 사이에서 고민한 경험에 대해 이야기를 나누어 보도록 한다.

예) 엄마는 교사인데 같은 반에 자녀는 학생

아이들이 아플 때 병원에 가야하는 아버지와 직분을 감당해야 하는 목회자

아버지의 임종을 앞두고 있는 아들과 회사에서 빠질 수 없는 회의에 참석한 직장인

만일 당신은 어떤 것을 우선으로 할 것인가도 나누어 본다.

2 압살롬은 하늘과 땅 사이에 매달려 그 어느 쪽에도 속할 수 없는 사람이 되었다. 당신이 현재 공중에 뜬 것 같은, 그 어디에도 속할 수 없는 부분은 무엇인가?

관찰문제 4번 참고. 인간은 사회적 동물이라 소속감을 느끼는 것은 평안을 느끼는 것이다. 그러나 갈수록 소속감과 연대 의식을 잃는 경우가 많다. 각자 현재 느끼는 소속감의 부재에 대해 이야기를 나누어 보도록 한다. 가정, 교회, 직장, 학교, 동아리 등 다양한 곳에서의 경험을 말해 보도록 한다. 돈은 다 벌어오면서 가정에만 오면 설 자리가 없는 아버지, 어느 부서에도 속하지 않고 누구와도 교제하지 않고 주일 예배만 드리는 교인, 친구가 없는 왕따 등을 들 수 있다. 소속감을 느낄 수 없는 것은 구성원의 문제일 수도 있지만 자신의 성격이나 관계의 문제일 수도 있다. 각자 어느 부분에 속하는가도 말해 보도록 한다. 물론 모두에게 친화적인 사람도 있어서 이 부분에 대해 이야기할 것이 없는 사람도 있을 수 있다.

3 군사들은 수적인 열세에도 불구하고 다윗 왕을 지키려고 한다. 당신이 생명을 내걸고 지켜야 할 원칙/사람이 있다면 그것은 무엇인가?

관찰문제 1번 참고. 다윗 왕을 지키려는 군사들의 충성스러운 마음이 아름답다. 무엇인가를 지키려는 것은 때로는 목숨을 걸어야 하는 경우도 있다. 다윗과 군사들의 경우도 그러하다. 각자 생명을 걸고 지켜야 하는 원칙이 있다면 무엇인가 이야기를 나누어 보도록 한다. 왜 그것을 지키는지도 말하도록 한다. 또한 지키고 싶은 사람에 대해서도 말하고, 지키기 위해서 어떤 노력을 하는지도 서로 이야기 나누어 본다.

Ⅶ. 마무리

기도로 마무리한다.
제11주 관찰문제를 예습해 오도록 한다.
실천과제를 제시한다.

생활의 아로마(실천)

예 1) 생명을 걸고 지킬 원칙/가치/사람의 우선순위를 정해 보도록 한다.
– 5가지만

제11주 공의와 자비

사무엘하 21:1–14

학습목표

1. 공의와 자비의 하나님을 알 수 있다.

KEYWORD **기근, 위로, 정의**

Ⅰ. 찬양과 기도

Ⅱ. 지난주 실천과제 나눔

Ⅲ. 복습문제 풀이

복습

1 왕인 다윗이 아버지로서 세 장군에게 부탁한 것은 무엇인가?(18:5)
어린 압살롬에게 너그럽게 대해 주라는 점

Ⅳ. 말씀 사무엘하 21:1–14을 다 함께 읽는다

21:1 다윗의 시대에 해를 거듭하여 삼 년 기근이 있으므로 다윗이 여호와 앞에 간구하
매 여호와께서 이르시되 이는 사울과 피를 흘린 그의 집으로 말미암음이니 그가 기브
온 사람을 죽였음이니라 하시니라 2 기브온 사람은 이스라엘 족속이 아니요 그들은

아모리 사람 중에서 남은 자라 이스라엘 족속들이 전에 그들에게 맹세하였거늘 사울
이 이스라엘과 유다 족속을 위하여 열심이 있으므로 그들을 죽이고자 하였더라 이에
왕이 기브온 사람을 불러 그들에게 물으니라 3 다윗이 그들에게 묻되 내가 너희를 위
하여 어떻게 하랴 내가 어떻게 속죄하여야 너희가 여호와의 기업을 위하여 복을 빌겠
느냐 하니 4 기브온 사람이 그에게 대답하되 사울과 그의 집과 우리 사이의 문제는 은
금에 있지 아니하오며 이스라엘 가운데에서 사람을 죽이는 문제도 우리에게 있지 아
니하니이다 하니라 왕이 이르되 너희가 말하는 대로 시행하리라 5 그들이 왕께 아뢰
되 우리를 학살하였고 또 우리를 멸하여 이스라엘 영토 내에 머물지 못하게 하려고 모
해한 사람의 6 자손 일곱 사람을 우리에게 내주소서 여호와께서 택하신 사울의 고을
기브아에서 우리가 그들을 여호와 앞에서 목 매어 달겠나이다 하니 왕이 이르되 내가
내주리라 하니라 7 그러나 다윗과 사울의 아들 요나단 사이에 서로 여호와를 두고 맹
세한 것이 있으므로 왕이 사울의 손자 요나단의 아들 므비보셋은 아끼고 8 왕이 이에
아야의 딸 리스바에게서 난 자 곧 사울의 두 아들 알모니와 므비보셋과 사울의 딸 메
랍에게서 난 자 곧 므홀랏 사람 바르실래의 아들 아드리엘의 다섯 아들을 붙잡아 9 그
들을 기브온 사람의 손에 넘기니 기브온 사람이 그들을 산 위에서 여호와 앞에 목 매
어 달매 그들 일곱 사람이 동시에 죽으니 죽은 때는 곡식 베는 첫날 곧 보리를 베기
시작하는 때더라 10 아야의 딸 리스바가 굵은 베를 가져다가 자기를 위하여 바위 위에
펴고 곡식 베기 시작할 때부터 하늘에서 비가 시체에 쏟아지기까지 그 시체에 낮에는
공중의 새가 앉지 못하게 하고 밤에는 들짐승이 범하지 못하게 한지라 11 이에 아야의
딸 사울의 첩 리스바가 행한 일이 다윗에게 알려지매 12 다윗이 가서 사울의 뼈와 그
의 아들 요나단의 뼈를 길르앗 야베스 사람에게서 가져가니 이는 전에 블레셋 사람들
이 사울을 길보아에서 죽여 블레셋 사람들이 벧산 거리에 매단 것을 그들이 가만히 가
져온 것이라 13 다윗이 그 곳에서 사울의 뼈와 그의 아들 요나단의 뼈를 가지고 올라
오매 사람들이 그 달려 죽은 자들의 뼈를 거두어다가 14 사울과 그의 아들 요나단의
뼈와 함께 베냐민 땅 셀라에서 그의 아버지 기스의 묘에 장사하되 모두 왕의 명령을
따라 행하니라 그 후에야 하나님이 그 땅을 위한 기도를 들으시니라

말씀 돋보기(관찰)

1 다윗 시대의 3년 기근의 원인은 무엇인가?(21:1)

사울과 피를 흘린 그의 집안 때문에

다윗이 하나님께 나아가서 왜 지난 3년 동안 이스라엘에 기근이 계속되고 있는지 물으니, 하나님은 '기브온 족의 한 맺힌 가슴' 즉 사울과 피를 흘린 그의 집안 때문이라는 것을 가르쳐 주셨다. 가뭄으로 인한 기근은 가나안 땅에서 자주 목격되는 일이다(창 12:10; 룻 1:1). 율법은 이스라엘의 땅에 기근이 임하는 것은 주의 백성들의 영적 분위기와 연관성이 있다고 한다. "모든 것이 풍족하여도 기쁨과 즐거운 마음으로 네 하나님 여호와를 섬기지 아니함으로 말미암아 네가 주리고 목마르고 헐벗고 모든 것이 부족한 중에서 여호와께서 보내사 너를 치게 하실 적군을 섬기게 될 것이다"(신 28:47–48; cf. 왕상 17:1; 겔 14:21; 학 1:10ff). 구약은 사람들이 거주하는 땅은 거주자들의 죄의 영향을 받는다고 가르친다(민 35:33). 아담과 하와가 죄를 지었을 때, 자연이 저주를 받았다(창 3장). 또한 억울한 피 흘림이 있으면 땅은 하늘을 향해 부르짖는다고 한다. 가인이 아벨을 살해했을 때 이러한 일이 있었다(창 4장). 즉 인간의 죄는 그들의 거주지를 오염시키며, 오염된 땅은 하나님께 호소한다는 것이다.

2 사울이 기브온 사람들을 죽인 것은 무엇이 문제인가?(21:2)

역사적 언약과 관계를 무시한 것

기브온 사람은 여호수아 시대까지 가나안에 살던 아모리 사람이었다. 그들은 먼 길을 온 것처럼 속여서 여호수아와 언약을 맺었다(수 9:3–15). 그 뒤 거짓이 드러나지만, 여호수아의 언약은 그대로 준수되었다. 그 대신 그들은 이스라엘 백성 사이에 살면서 종노릇했다. 기브온 사람이 이스라엘과 언약을 맺었다는 소문이 가나안에 퍼지자 주변 국가들이 분개해 치러 왔고, 그들과 언약을 맺은 이스라엘은 그들을 위해 싸웠다. 이 사건이 바로 해와 달이 그 자리에 멈춘 여호수아 10장 사건이다. 사울은 이러한 역사적 언약과 관계를 무시하고 기브온 사람을 모두 죽이려 하였던 것이다(2절).

3 피해자들인 기브온 사람이 요구하는 것은 무엇이며, 어떻게 해결했는가?(21:6-8)

사울의 자손 중 남자 일곱을 넘겨 달라.
다윗은 사울의 자손 일곱을 넘겨 주었다.

다윗이 기브온 사람에게 어떻게 해야 그들의 문제를 해결할 수 있는지 묻자, 그들은 이 문제는 결코 돈으로 해결할 수 있는 문제가 아니라고 대답했다. 그들의 논리는 당연하고 율법에 비추어 볼 때 합당한 것이다. 율법은 살인으로 잃은 생명을 돈으로 협상하거나 보상하는 것을 금한다(민 35:31-33). 그들은 사울의 자손 중 남자 일곱을 넘겨 달라고 한다. 그들을 죽이겠다는 것이다. 다윗은 사울의 자손 일곱을 넘겨 주었다. 8절의 므비보셋은 7절의 므비보셋과 다른 동명이인이다.

4 다윗이 요나단과의 언약을 지키고자 아낀 사람은 누구인가?(21:7)

므비보셋

다윗은 요나단과의 언약 때문에 요나단의 아들 므비보셋은 포함시키지 않았다(7절). 다윗과 요나단 사이에 맺었던 맹세는 여호와가 증인이시다. 그러므로 므비보셋이 요나단의 아들이라는 것을 다윗이 알고 있는 상황에서 결코 그를 내어줄 수는 없는 것이다. 이는 요나단과의 언약을 깨는 행위이기 때문이다.

5 리스바의 철야 소식을 들은 다윗은 문제를 어떻게 해결했는가?(21:10-14)

다윗은 그들의 뼈와 사울과 요나단의 뼈도 가져다가 베냐민 지파의 땅 셀라에 있는 사울의 아버지 기스의 무덤에 합장했다.

리스바는 굵은 베로 만든 천을 가져다가 바윗돌 위에 쳐 놓고 몇 달 동안 (최소 1개월–최대 6개월) 곡식 베기 시작할 때부터 비가 올 때까지 자신의 자식들과 조카들의 시체를 지켰다. 순식간에 아들 둘을 잃은 것도 억울한데 시체를 가져다 장사 지낼 수 없었던 그 여인의 고통은 아마도 '한'이라는 말로 표현할 수 있을 것이다. 뒤늦게 다윗은 리스바의 철야 소식을 들었다. 다윗은 그들의 뼈와 내친김에 사울과 요나단의 뼈도 가져다가 베냐민 지파의 땅 셀라에 있는 사울의 아버지 기스의 무덤에 합장했다(14절). 그러자 땅은 다시 회복되었다.

Ⅵ. 적용과 나눔

삶의 내비게이션(적용)

1 당신의 인생에서 가장 메말랐고 삭막했던 기근과 같은 때는 언제였는가?

관찰문제 1번 참고. 이스라엘에서 가장 번영했던 다윗의 시대에도 3년 기근은 통치자에게 부담을 주는 일이었다. 각자의 인생에서 가장 어려웠던 시절에 대해 이야기를 나누어 보도록 한다. 인생의 기근은 여러 가지 모양으로 나타날 수 있다. 외로움, 경제적 압박, 신체적 질병, 관계적 갈등(왕따와 다툼) 등을 들 수 있다. 각자의 기근은 어떤 모양이었는지 말해보고, 어떻게 극복했는가도 이야기하도록 한다. 만일 지금이 가장 삭막한 기근과 같은 때라면 피드백을 통해 이겨낼 수 있는 힘을 얻도록 용기를 주도록 한다. 학생의 경우 쉽게 적용할 수 있도록 외로움이나, 관계적 갈등에 대해 이야기를 나누도록 한다.

2 하나님은 오래전 기브온 사람의 한을 풀어 주신다. 당신이 생각하는 하나님의 정의가 실현되었으면 하는 부분은 무엇인가?

관찰문제 2번 참고. 성경은 사울에게 피해를 입은 기브온 사람이 입을 열지 않은 것으로 보인다. 그들은 누구에게도 억울하다고 항의하지 않았다. 여호와께서 직접 이 사건을 돌아보신 것이다. 정의의 하나님은 세월이 지나 인간의 기억 속에서 희미해지는 일이라도 진실은 꼭 밝히시는 분이다. 각자 다윗의 입장이라면 어떻게 도왔을 것인가에 대해 이야기를 나누어 보도록 한다. 때로는 거룩한 분노도 필요하다. 공의의 하나님은 언제나 자비의 하나님을 동반한다. 세상에 공의만 있으면 삭막한 세상이 된다. 반대로 자비만 있다면 기준이 없는 세상이 될 것이다. 그러므로 공의와 자비는 항상 함께한다. 각자 하나님의 정의가 실현되었으면 하는 부분은 무엇이 있는지 이야기를 나누어 보도록 한다.

3 하나님은 리스바의 슬픔을 지켜만 보고 계시지 않고 위로하고 축복하셨다. 당신이 하나님께로부터 위로받고 싶은 것은 무엇인가?

관찰문제 5번 참고. 하나님은 리스바가 슬퍼하는 것을 위로하고 축복하셨다. 하나님 앞에서 진심으로 슬퍼하는 것은 나의 연약함을 드러내는 행위이기도 하다. 그리스도인은 무조건 기뻐해야 한다고 생각하는 사람도 있는데 슬플 때는 하나님 앞에 전심으로 슬픔을 표현하는 것도 좋은 방법이다. 각자 하나님께로부터 받고 싶은 위로에 대해 이야기를 나누어 보도록 한다.

Ⅶ. 마무리

기도로 마무리한다.
제12주 관찰문제를 예습해 오도록 한다.
실천과제를 제시한다.

생활의 아로마(실천)

예 1) 하소연하는 사람들의 이야기에 공감해 주도록 한다.
2) 삭막한 길을 걷고 있는 주변 사람에게 구체적인 도움을 주도록 한다.
– 경제적 도움, 식사, 전화 등

제12주 나쁜 왕 다윗

사무엘하 24:10-25

학습목표

1. 인간의 착각은 큰 대가를 치름을 알 수 있다.

KEYWORD **착각, 회개, 책임**

Ⅰ. 찬양과 기도

Ⅱ. 지난주 실천과제 나눔

Ⅲ. 복습문제 풀이

복습

1 다윗 시대의 3년 기근의 원인은 무엇인가?(21:1)

사울과 피를 흘린 그의 집안 때문에

Ⅳ. 말씀 사무엘하 24:10-25을 다 함께 읽는다

24:10 다윗이 백성을 조사한 후에 그의 마음에 자책하고 다윗이 여호와께 아뢰되 내가
이 일을 행함으로 큰 죄를 범하였나이다 여호와여 이제 간구하옵나니 종의 죄를 사하

여 주옵소서 내가 심히 미련하게 행하였나이다 하니라 [11] 다윗이 아침에 일어날 때에
여호와의 말씀이 다윗의 선견자 된 선지자 갓에게 임하여 이르시되 [12] 가서 다윗에게
말하기를 여호와께서 이와 같이 말씀하시기를 내가 네게 세 가지를 보이노니 너를 위
하여 너는 그 중에서 하나를 택하라 내가 그것을 네게 행하리라 하셨다 하라 하시니
[13] 갓이 다윗에게 이르러 아뢰어 이르되 왕의 땅에 칠 년 기근이 있을 것이니이까 혹
은 왕이 왕의 원수에게 쫓겨 석 달 동안 그들 앞에서 도망하실 것이니이까 혹은 왕의
땅에 사흘 동안 전염병이 있을 것이니이까 왕은 생각하여 보고 나를 보내신 이에게 무
엇을 대답하게 하소서 하는지라 [14] 다윗이 갓에게 이르되 내가 고통 중에 있도다 청하
건대 여호와께서는 긍휼이 크시니 우리가 여호와의 손에 빠지고 내가 사람의 손에 빠
지지 아니하기를 원하노라 하는지라 [15] 이에 여호와께서 그 아침부터 정하신 때까지
전염병을 이스라엘에게 내리시니 단에서부터 브엘세바까지 백성의 죽은 자가 칠만 명
이라 [16] 천사가 예루살렘을 향하여 그의 손을 들어 멸하려 하더니 여호와께서 이 재앙
내리심을 뉘우치사 백성을 멸하는 천사에게 이르시되 족하다 이제는 네 손을 거두라
하시니 여호와의 사자가 여부스 사람 아라우나의 타작 마당 곁에 있는지라 [17] 다윗이
백성을 치는 천사를 보고 곧 여호와께 아뢰어 이르되 나는 범죄하였고 악을 행하였거
니와 이 양 무리는 무엇을 행하였나이까 청하건대 주의 손으로 나와 내 아버지의 집을
치소서 하니라 [18] 이 날에 갓이 다윗에게 이르러 그에게 아뢰되 올라가서 여부스 사람
아라우나의 타작 마당에서 여호와를 위하여 제단을 쌓으소서 하매 [19] 다윗이 여호와께
서 명령하신 바 갓의 말대로 올라가니라 [20] 아라우나가 바라보다가 왕과 그의 부하들
이 자기를 향하여 건너옴을 보고 나가서 왕 앞에서 얼굴을 땅에 대고 절하며 [21] 이르
되 어찌하여 내 주 왕께서 종에게 임하시나이까 하니 다윗이 이르되 네게서 타작 마당
을 사서 여호와께 제단을 쌓아 백성에게 내리는 재앙을 그치게 하려 함이라 하는지라
[22] 아라우나가 다윗에게 아뢰되 원하건대 내 주 왕은 좋게 여기시는 대로 취하여 드리
소서 번제에 대하여는 소가 있고 땔 나무에 대하여는 마당질 하는 도구와 소의 멍에가
있나이다 [23] 왕이여 아라우나가 이것을 다 왕께 드리나이다 하고 또 왕께 아뢰되 왕의
하나님 여호와께서 왕을 기쁘게 받으시기를 원하나이다 [24] 왕이 아라우나에게 이르되
그렇지 아니하다 내가 값을 주고 네게서 사리라 값 없이는 내 하나님 여호와께 번제를
드리지 아니하리라 하고 다윗이 은 오십 세겔로 타작 마당과 소를 사고 [25] 그 곳에서
여호와를 위하여 제단을 쌓고 번제와 화목제를 드렸더니 이에 여호와께서 그 땅을 위
한 기도를 들으시매 이스라엘에게 내리는 재앙이 그쳤더라

말씀 돋보기(관찰)

1 인구조사를 시행한 다윗이 마음에 가책을 느끼고 무엇을 했는가?(24:10)

회개

이스라엘의 왕이 하나님과 백성 사이에서 어떤 위치에 있어야 한다는 것(삼상 12장)을 잠시 망각한 다윗은 정신을 차리고 자신을 하나님과 동등하게 여기는 착각에 빠졌던 것을 회개한다. 다윗이 과거에 밧세바 사건 때에 고백했던 말과 거의 동일하게 "내가 큰 죄를 지었습니다"라고 고백하며 용서를 구했다. 죄를 지었지만 뒤늦게나마 깨닫고 회개하는 다윗의 모습이 매우 아름답다. 다윗은 여러 가시로 문제가 많은 사람이었다. 하지만 하나님이 그를 끝까지 품으시고 사랑해 주신 데는 이 사건에서 다시 한번 드러난 다윗의 겸손함과 항상 새로운 깨달음과 가르침을 수용할 수 있는 마음 자세가 큰 영향을 미쳤을 것이다.

* 다윗의 인구조사 문제점

1) 인구조사의 의도

모세의 인구조사– 하나님의 지시에 따라 시행

다윗의 인구조사– 자신의 위상과 업적을 과시하기 위해

2) 인구조사 후 성전에 들여놓아야 할 속전의 문제

인구조사를 할 때마다 사람의 수대로 속전을 들여놓아야 함(출 30:12)

–한 사람당 은 1/2세겔

2 선지자 갓이 전한 세 가지 재앙은 무엇인가? 다윗이 세 번째를 선택한 이유는?(24:14)

a) 7년 동안 흉년

b) 3달 동안 다윗이 원수들에게 쫓기는 것

c) 3일 동안 전염병이 온 땅에 퍼지는 것

인간의 손이 아니라 주님의 손에 벌을 받고 싶어서

갓은 세 가지 재앙을 다윗에게 전하며 한 가지를 택하라고 했다. 첫째, 7년 동안 흉년이 이스라엘을 강타하는 것, 둘째, 3달 동안 다윗이 원수들에게 쫓기는 것, 셋째, 3일 동안 전염병이 온 땅에 퍼지는 것이다. 그는 전염병이 자신이 통치하는 이스라엘을 3일 동안 강타하는 것을 택한다. 다윗은 '인간의 손이 아니라 주님의 손에 벌을 받고 싶어서' 전염병을 택했다고 고백한다.

3 전염병으로 죽은 이스라엘 사람은 얼마나 되는가?(24:15)

7만 명

하나님의 천사가 다윗이 요압에게 인구조사를 명령할 때 자신의 영토의 한계를 표현하며 사용했던 '단에서부터 브엘세바에 이르기까지' 전 지역을 전염병으로 쳤다. 이 천사는 출애굽기 12:23과 열왕기하 19:35에 언급된 죽음의 사신이었으며, 그의 사역은 이스라엘 사람 7만 명을 죽이는 것이었다.

4 전염병이 온 이스라엘에 내리자 다윗은 무엇을 고백했는가?(24:17)

자신의 죄를 고백

이스라엘 사람 7만 명이 죽고, 죽음의 천사가 드디어 예루살렘을 치려는 순간 하나님이 천사를 거두셨고, 천사가 아라우나의 타작마당에서 멈추어 섰다(16절). 다윗은 그제서야 이스라엘의 목자다운 고백을 했다. "바로 내가 죄를 지은 사람입니다. 바로 내가 이런 악을 저지른 사람입니다. 백성은 양 떼일 뿐입니다. 그들에게는 아무런 잘못도 없습니다. 나와 내 아버지의 집안을 쳐 주십시오"(17절, 새번역).

5 하나님의 천사가 이스라엘을 치는 것을 멈추자, 선지자 갓이 다윗에게 권면하여 이스라엘에게 내린 재앙을 어떻게 그치게 했는가?

(24:24-25)

여호와를 위한 제단을 쌓았다.

선지자 갓은 다윗을 찾아와 급히 아라우나의 타작마당으로 가서 그곳에서 여호와를 위해 제단을 쌓으라고 권고했다. 타작마당은 곡식과 겸불을 나누는 일이 중요하기 때문에 평지보다 상대적으로 바람이 더 많은 높은 언덕에 위치했고, 아라우나의 타작마당은 다윗이 거하던 다윗 성에서 북쪽에 위치했던 것으로 생각된다. 훗날 솔로몬이 여호와를 위해 세울 성전의 터전으로 지정된다(대하 22:1). 다윗은 급히 그곳으로 가서 땅을 매입해 하나님께 제단을 쌓기를 원했다. 아라우나가 다윗에게 자신의 땅과 소들을 마음대로 사용하라고 했지만 다윗은 결코 그럴 수 없다며 모든 것을 샀다. 소와 땅값으로 은 50세겔을 아라우나에게 주었다. 다윗은 자기 것을 아끼고 남의 것으로 예배를 드리는 것은 결코 옳지 않다는 사실을 알고 있었다(24절). 다윗은 제단을 쌓고 그 위에 화목제를 드렸다. 여호와께서 그의 기도를 들으셨으므로 이스라엘에 내리던 재앙이 그쳤다.

Ⅵ. 적용과 나눔

삶의 내비게이션(적용)

1 인구조사를 시행하면서 다윗은 자신의 이상만 실행하고 책임은 지지 않으려고 했다. 당신도 과거에 의무는 실천하지 않으면서 특권만 누렸던 것은 무엇이 있는가?

관찰문제 1번 참고. 다윗의 인구조사는 자신의 위상과 업적을 과시하기 위한 것이었다. 그리고 인구조사 후에 드려야 하는 속전을 성소에 들여놓아야 하는데 다윗은 실행하지 않았다. 우리도 권리를 주장하면서 책임과 의무는 회피하는 경우가 있다. 예를 들면 남편의 권위를 내세우면서 책임은 지지 않는 백수 남편, 부모에게 받기만 하는 자녀, 자녀의 무조건적인 순종을 요구하는 부모, 교회에서 좋은 자리만 차지하고 책임은 지지않으려는 교인, 가정, 교회, 직장, 관계 속에서 이러한 경우를 찾을 수 있다. 각자 의무는 실천하지 않으면서 특권만 누린 것은 무엇이 있었는지 나누어 보도록 한다.

2 다윗은 세 가지 재앙 가운데 한 가지를 선택해야 했다. 당신에게 세 가지 재앙 중 선택하라면 무엇을 선택하겠는가? 그 이유는 무엇인가?

관찰문제 2번 참고. 세 가지 재앙은 7년의 흉년, 3달 동안 다윗이 원수들에게 쫓기는 것이었다, 3일 동안 전염병이 온 땅에 퍼지는 것. 당신이라면 무엇을 선택하겠는가? 서로 이야기를 나누어 보도록 한다. 기간에 초점을 맞추는 경우도 있고, 다윗처럼 사람에게 당하는 것인가 하나님께 받는 것인가가 선택의 기준이 될 수도 있다. 다윗은 3달 동안의 원수들에게 쫓기는 것을 선택해야 했다. 그러나 그는 3일 동안 전염병을 선택해 죄없는 백성을 7만 명이나 죽게 만들었다. 문제의 근원이 다윗 자신에게 있으므로 3달 동안 다윗만 원수에게 쫓기면 되는 일인데 다윗은 하나님의 손에 벌을 받고 싶다고 선택한다. 아마도 왕이 되기 전 오랜 도망자 생활을 해서 원수에게 쫓기는 것은 다시 하고 싶지 않았을 것이다. 각자 선택한 이유에 대해서도 말해 보도록 한다.

3 사무엘서의 마지막은 다윗의 간곡한 기도와 하나님의 은혜로운 응답으로 끝을 맺는다. 당신이 기대하는 하나님의 자비로움과 은혜로운 응답은 무엇인가?

관찰문제 5번 참고. 사무엘서는 책의 시작(한나의 기도)과 끝(다윗의 기도)에 나타나신 하나님의 자비로움과 간곡한 기도에 응답하시는 하나님의 은혜로 되어 있다. 제노와 인간의 권력은 결코 문제의 해결책이 될 수 없음을 보여준다. 미래를 소망할 수 있는 것은 다윗 같은 훌륭한 왕이 있어서가 아니라 하나님이 함께하시기 때문이다. 각자 기대하는 하나님의 자비로움과 은혜로운 응답에 대해 이야기를 나누어 보도록 한다. 각자 응답받기를 원하는 기도제목을 나누고 함께 기도하는 시간을 갖도록 한다.

Ⅶ. 마무리

기도로 마무리한다.
다음 과정 성경공부에 초대한다.
실천과제를 제시한다.

생활의 아로마(실천)

예 1) 위상만 챙기고 책임을 등한시한 것을 찾고 수정하도록 한다.

비밀 유지 서약서

나는 이 그룹에서 나눈 것들을 다른 곳에 누설하지 않기로 약속합니다. 또한 다른 그룹원들이 숨기고자 하는 내용을 나누도록 압력을 가하지 않기를 약속합니다. 하나님과 그룹원들에게 나의 약속을 성실히 이행할 것을 서약합니다.

서명______________________________

날짜______________________________

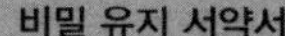

사무엘하 말씀 공부를 통한 삶의 변화 일지

주	나의 말씀 적용(생활의 아로마)	실천과정과 결과
1주		
2주		
3주		
4주		
5주		
6주		

주	나의 말씀 적용(생활의 아로마)	실천과정과 결과
7주		
8주		
9주		
10주		
11주		
12주		

사무엘하 엑스포지멘터리 성경공부 출석

	1	2	3	4	5
이름 / 주					
OT (월 일)					
1주 (월 일)					
2주 (월 일)					
3주 (월 일)					
4주 (월 일)					
5주 (월 일)					
6주 (월 일)					
7주 (월 일)					
8주 (월 일)					
9주 (월 일)					
10주 (월 일)					
11주 (월 일)					
12주 (월 일)					
합계					
연락처					
메모 (가족/기도)					

6	7	8	9	10	11	12

송병현 〈엑스포지멘터리 시리즈〉의 저자. 캐나다 틴대일대학교(B. Th.)와 미국 시카고 트리니티 복음주의신학교를 졸업하고(M. Div.) 동 대학원에서 박사학위(Ph. D.)를 받았다. 1997년부터 백석대학교 구약학 교수로 봉직 중이며 2009년부터는 선교지의 지도자 교육을 위해 강사진을 파송하는 STAR 선교회를 이끌고 있다. 목회자와 신학생뿐 아니라 하나님의 말씀에 진지하게 귀 기울이기 원하는 이 땅의 그리스도인들을 섬기기 위해 활발한 성경 강해와 해석 사역을 펼치고 있다.

송(임)우민 캐나다 틴대일대학교(B. Th.)와 미국 시키고 트리니티 복음주의신학교를 졸업(M. Div.), LA에 있는 탈봇신학교에서 기독교교육학으로 박사학위(Ph. D.)를 받았다. 20여 년간 북미와 한국에서 영어 주일학교 전도사로 교회학교 현장에서 사역했으며, CMIS 캐나다국제학교 이사, Korea Montessori College 교수, 몬테소리 교사 및 컨설턴트 등 다양한 교육학적 경력을 바탕으로 학부모 세미나, 부부 세미나, 교사 세미나와 주요 강사로서 가정과 교회학교를 말씀으로 세우기를 갈망하는 부모와 교사들을 섬기고 있다. 현재 백석예술대학교 사회복지학부 전임교수로 봉직 중이며, 남편 송병현 교수와 함께 STAR 선교회 이사로 섬기고 있다.

엑스포지멘터리 성경공부 시리즈 사무엘하 – 인도자용

초판 1쇄 발행 2017년 3월 20일
2쇄 발행 2022년 1월 10일

지은이 송병현, 임우민
구성 신윤영

펴낸곳 도서출판 이엠
등록번호 제25100-2015-000063
주소 서울시 강서구 공항대로 220, 601호
전화 070-8832-4671
E-mail empublisher@gmail.com

내용 및 세미나 문의 스타선교회: 02-520-0877 / EMail: starofkorea@gmail.com / www.star123.kr

ISBN 979-11-86880-45-6 93230

「이 도서의 국립중앙도서관 출판시도서목록(CIP)은 서지정보유통지원시스템 홈페이지(http://seoji.nl.go.kr)와 국가자료공동목록시스템(http://www.nl.go.kr/kolisnet)에서 이용하실 수 있습니다. (CIP제어번호:CIP2015000753)」